T0199141

LOS HIJOS DEL GRAN REY NO VIVEN COMO PRÍNCIPES

¿CUÁLES SON LAS RAZONES POR LAS QUE LOS CRISTIANOS SUFREN?

JOSUÉ TREVIÑO

WESTBOW
PRESS®
A DIVISION OF THOMAS NELSON
& ZONDERVAN

Las citas bíblicas identificadas como (RVR 1909) han sido tomadas de la versión Reina-Valera 1909.

Las citas bíblicas identificadas como (RVR 1960) han sido tomadas de la versión Reina-Valera © 1960 Sociedades Bíblicas en América Latina © renovado 1988 Sociedades Bíblicas Unidas.

Las citas bíblicas identificadas como (RVR95) han sido tomadas de la versión Reina Valera 1995. Copyright © 1995 por Sociedades Bíblicas Unidas. Todos los derechos reservados.

Puede hacer pedidos de libros de WestBow Press en librerías o poniéndose en contacto con:

WestBow Press
A Division of Thomas Nelson & Zondervan
1663 Liberty Drive
Bloomington, IN 47403
www.westbowpress.com
1 (866) 928-1240

ISBN: 978-1-9736-3790-5 (tapa blanda)
ISBN: 978-1-9736-3791-2 (tapa dura)
ISBN: 978-1-9736-3789-9 (libro electrónico)

Número de Control de la Biblioteca del Congreso: 2018910042

Información sobre impresión disponible en la última página.

Fecha de revisión de WestBow Press: 10/31/2018

AGRADECIMIENTOS

Quiero expresar mi más profundo agradecimiento primeramente al Señor por haberme concedido la oportunidad de realizar esta obra, y por proveerme todo lo necesario para ello. También quiero dar mi más sincero agradecimiento a las siguientes personas, quienes de una u otra manera contribuyeron a la realización de este trabajo, ya que sin sus valiosas aportaciones este libro no tendría la forma actual. Por orden alfabético: Lic. Adolfo Deras, Arq. Ana Elia Treviño, Ing. Eduardo Tamez, Pastor Elías Díaz, Sra. Hermila Díaz de Treviño, Josué Elías Treviño e Ing. Vicente Roldán. A todos ellos mi reconocimiento y mi gratitud.

ÍNDICE

SEGUNDA PARTE

POSIBLES RAZONES POR LAS QUE LOS CRISTIANOS SUFREN

PRÓLOGO

El Señor Jesús dijo: *"De cierto os digo: Entre los que nacen de mujer no se ha levantado otro mayor que Juan el Bautista..."* (*Mateo 11:11 RVR 1960*). Pero la estatura espiritual de Juan, y su actitud y su disposición para agradar a Dios y para hacer Su voluntad, no lo libraron de los padecimientos ni de la pobreza material. Al respecto, el Señor dijo lo siguiente: *"Cuando se fueron los mensajeros de Juan, comenzó a decir de Juan a la gente: ¿Qué salisteis a ver al desierto? ¿Una caña sacudida por el viento? Mas ¿qué salisteis a ver? ¿A un hombre cubierto de vestiduras delicadas? He aquí, los que tienen vestidura preciosa y viven en deleites, en los palacios de los reyes están"* (*Lucas 7:24–25 RVR 1960*).

En el tiempo de la muerte y resurrección del Señor Jesús parece que María, Su madre, no estaba en muy buenas condiciones económicas. Todo parece indicar que José, su esposo, ya no estaba en este mundo, porque de haber estado, seguramente él se habría encargado de su sostenimiento en el aspecto material. Así es que ante la partida del Señor Jesús, María estaba en problemas y habría estado cerca de quedar en el desamparo. Por lo cual el Señor le encargó a Su amado discípulo Juan el cuidado de ella: *"Estaban junto a la cruz de Jesús su madre, y la hermana de su madre, María mujer de Cleofas, y María Magdalena. Cuando vio Jesús a su madre, y al discípulo a quien él amaba, que estaba presente, dijo a su madre: Mujer, he ahí tu hijo. Después dijo al discípulo: He ahí tu madre. Y desde aquella hora el discípulo la recibió en su casa"* (*Juan 19:25–27 RVR 1960*). Si el bienestar económico y material dependiera de qué tan cerca estamos de Cristo, entonces

María, la madre de Jesús, y Juan el bautista deberían haber sido ricos; pero no lo fueron.

Otros de los grandes hombres de Dios, aunque llegaron a tener una gran estatura espiritual, aun así padecieron muchas carencias materiales, dificultades y sufrimientos. Como el profeta Elías, quien sintiéndose agobiado por las dificultades deseó la muerte: *"Viendo, pues, el peligro, se levantó y se fue para salvar su vida, y vino a Beerseba, que está en Judá, y dejó allí a su criado. Y él se fue por el desierto un día de camino, y vino y se sentó debajo de un enebro; y deseando morirse, dijo: Basta ya, oh Jehová, quítame la vida, pues no soy yo mejor que mis padres"* (1 Reyes 19:3-4 RVR 1960). En otra ocasión, cuando un hombre que mendigaba rogó a Pedro y a Juan que le dieran una limosna, y no teniendo dinero qué darle, Pedro le contestó: *"No tengo plata ni oro, pero lo que tengo te doy; en el nombre de Jesucristo de Nazaret, levántate y anda"* (Hechos 3:6 RVR 1960). Pedro tenía poder de Dios como para sanar a un enfermo, pero no tenía dinero. Por su parte, Pablo habló a los hermanos de Corinto acerca de las muchas dificultades y sufrimientos que había padecido por causa de la predicación del evangelio: *"Porque hermanos, no queremos que ignoréis acerca de nuestra tribulación que nos sobrevino en Asia; pues fuimos abrumados sobremanera más allá de nuestras fuerzas, de tal modo que aun perdimos la esperanza de conservar la vida"* (2 Corintios 1:8 RVR 1960). (Vea además: 2 Corintios 11:23-33). La cercanía de Pablo al Señor Jesús no lo libraba de las tribulaciones.

En estos tiempos hay un gran número de personas que afirman que los cristianos, como hijos del Gran Rey, deben vivir como príncipes, con alegría, riqueza material y sin tribulaciones; y que si estas no se tienen, es porque el cristiano anda en pecado, o porque no tiene una buena comunión con Dios. Pero si eso fuera cierto, Juan el Bautista, María la madre de Jesús, el profeta Elías, los apóstoles Pedro, Juan, Pablo, y otros muchos de los grandes siervos e hijos de Dios, habrían vivido como príncipes o como millonarios, y libres de todo sufrimiento.

Aunque el sufrimiento no es el estado normal del cristiano, es inevitable que en ciertos momentos lo experimente. Los problemas y las dificultades con frecuencia se presentan en nuestras vidas, a veces por breve tiempo, pero en ocasiones por largos períodos. El Señor Jesucristo nos lo advirtió claramente para que estemos preparados mentalmente para ello: *"Estas cosas os he hablado para que en mí tengáis paz. En el mundo tendréis aflicción; pero confiad, yo he vencido al mundo"* (Juan 16:33 RVR 1960).

En la primera parte de este libro analizaremos las experiencias de varios personajes bíblicos a quienes Dios hizo pasar por el sufrimiento, y los resultados a los que condujeron dichas tribulaciones. Esto nos preparará para entender un poco mejor la segunda parte, en la cual se estudian las causas por las que frecuentemente viene el sufrimiento a las vidas de los hijos de Dios. Nótese que el título de la segunda parte de este libro es *Posibles razones por las que los cristianos sufren.* No nos estaremos ocupando de las razones por las que sufren los que no son cristianos; esto debido a que Dios trata a Sus hijos de una manera, y a los que no lo son, de otra diferente; así como el padre de familia que sólo disciplina a sus hijos, y no a los hijos de otros. Normalmente vemos sufrir, batallar y padecer a los hijos de Dios: *"Porque el Señor al que ama, disciplina, y azota a todo el que recibe por hijo"* (Hebreos 12:6 RVR 1960). Y también: *"...conforme a tu fidelidad me afligiste"* (Salmo 119:75 RVR 1960). Pero a los que no son cristianos no siempre los vemos sufrir; hay muchos que no tienen ningún respeto por Dios a quienes vemos prosperar. El salmista, en palabra de Dios, lo expresó y lo resumió de manera excelente: *"Cuando brotan los impíos como la hierba, y florecen todos los que hacen iniquidad, es para ser destruidos eternamente"* (Salmo 92:7 RVR 1960). El sufrimiento, las dificultades, los padecimientos y las carencias son instrumentos de Dios para fortalecer a Sus hijos, enseñarles sabiduría, entrenarlos y capacitarlos para que realicen buenas obras, y para hacerlos crecer espiritualmente; preparándolos para que a su tiempo puedan entrar en la mansión celestial con una mayor estatura espiritual y con frutos qué ofrecer al Señor, como resultado de haber hecho la voluntad de Dios a su paso por este mundo.

En este libro estaremos analizando exclusivamente el trato que Dios tiene con Sus hijos, y dejaremos el trato de Dios para con los que no forman parte de Su pueblo como material para otro trabajo. Sin pretender realizar un análisis exhaustivo, en este libro estaremos estudiando lo que la Biblia enseña acerca de las posibles razones por las que los cristianos sufren.

Josué Treviño

Primera Parte

NO SIEMPRE PODEMOS CONOCER LAS RAZONES O LOS PROPÓSITOS POR LOS QUE DIOS HACE LO QUE HACE

1.1 Si usted es un hijo de Dios, será azotado

Cristo nos prometió estar con nosotros todos los días hasta el fin del mundo (Mateo 28:20). Pero aunque esto es un hecho innegable, en la vida de todo cristiano siempre hay tiempos de dificultades. Las cosas salen mal, circunstancias adversas se presentan en nuestras vidas, personas se levantan para constituirse en nuestros enemigos sin causa, etc. El Señor nos hace saber claramente que las dificultades sin duda vendrán: *"Cuando pases por las aguas, yo estaré contigo; y si por los ríos, no te anegarán. Cuando pases por el fuego, no te quemarás ni la llama arderá en ti."* (Isaías 43:2 RVR95). Al analizar las palabras anteriores nos damos cuenta de que el Señor no nos está diciendo: "si acaso llegas a pasar por las aguas", sino: "cuando pases por las aguas". El pasar por las aguas, o por el fuego, es decir, por las circunstancias difíciles, no es una opción sino algo que seguramente sucederá en la vida de todo cristiano.

Asaf dice: *"En cuanto a mí, casi se deslizaron mis pies, ¡por poco resbalaron mis pasos!, porque tuve envidia de los arrogantes, viendo la prosperidad de los impíos... No pasan trabajos como los otros mortales (los cristianos), ni son azotados como los demás hombres... Los ojos se les saltan de gordura; logran con creces los antojos del corazón."* (Salmo 73:2,3,5,7 RVR95). Asaf escribió en este Salmo sus observaciones acerca de cómo las cosas estaban siendo difíciles para él, a pesar de haberse esmerado en andar de acuerdo a las enseñanzas de la Palabra de Dios, en contraste con la situación de otras personas a quienes les iba muy bien, aunque no vivían de acuerdo a lo que enseña la Palabra del Señor, a quienes llama arrogantes e impíos. Asaf continúa expresando su gran desaliento al observar tales cosas: *"He aquí estos impíos, sin ser turbados del mundo, alcanzaron riquezas. Verdaderamente en vano he limpiado mi corazón, y lavado mis manos en inocencia; pues he sido azotado todo el día, y empezaba mi castigo por las mañanas."* (Salmo 73:12–14 RVR 1909). Asaf añadió todavía más acerca de los sentimientos que surgieron en su corazón: *"Se llenó de amargura mi alma y en mi corazón sentía punzadas. Tan torpe era yo, que no entendía; ¡era como una bestia delante de ti!"* (Salmo 73:21–22 RVR95). Por lo visto, Asaf no escribió este salmo en el tiempo en el que tales pensamientos y sentimientos pasaban por su mente y su corazón, sino un poco después, ya que ahora reconocía que esos pensamientos y sentimientos habían estado mal, y lo expresa diciendo: *"era como una bestia delante de ti"*; como diciendo: "eso fue entonces, pero ya no". Finalmente Dios abrió la mente de Asaf para que entendiera que tanto la prosperidad de los que voluntariamente se mantienen lejos de Dios, como las aflicciones que sufren los que buscan andar en obediencia a Él, son temporales, de corta duración; y posteriormente se manifestará el juicio de Dios, el cual tendrá efectos por toda la eternidad: *"Hasta que, entrando en el santuario de Dios, comprendí el fin de ellos. Ciertamente, los has puesto en deslizaderos, en asolamiento los harás caer. ¡Cómo han sido asolados de repente! ¡Perecieron, se consumieron de terrores! Como sueño del que despierta, así, Señor, cuando despiertes, menospreciarás su apariencia"* (Salmo 73:17–20 RVR95). Y agrega: *"Ciertamente los que se alejan de ti perecerán; tú destruirás a todo aquel que de ti se aparta. Pero en cuanto a mí, el acercarme a Dios es el bien..."* (Salmo 73:27–28 RVR95).

De acuerdo con las Escrituras, la tendencia natural para todos aquellos que andan en el temor del Señor y que guardan Su palabra es ser prosperados: *"Bienaventurado el varón que no anduvo en consejo de malos, ni estuvo en camino de pecadores, ni en silla de escarnecedores se ha sentado; sino que en la ley de Jehová está su delicia, y en su ley medita de día y de noche. Será como árbol plantado junto a corrientes de aguas, que da su fruto en su tiempo, y su hoja no cae; y todo lo que hace, prosperará."* (Salmo 1:1–3 RVR 1960). Esta es la tendencia natural y la expectativa para la vida del cristiano. Note que el texto dice: *"da su fruto"*, es decir, que la bendición de Dios sobre él lo llevará a que se produzca en su vida lo que Dios quiere, y a través de él otros se verán beneficiados, contribuyendo así al engrandecimiento del Reino de Dios. Pero más aún, podemos observar que dice: *"da su fruto en su tiempo"*. No dice que dará fruto en todo tiempo, sino: *"en su tiempo"*.

En este pasaje podemos ver lo que debemos esperar, en general, para nuestras vidas si estamos en Cristo Jesús. Lo mencionado en el salmo número uno sólo se hace realidad en nuestras vidas si Jesucristo es nuestro Señor y Salvador, ya que por más que nos esforcemos por vivir en santidad y en obediencia a la Palabra de Dios por nuestra cuenta, nunca podremos andar perfectamente delante de Dios, y siempre necesitaremos que la sangre de Cristo esté continuamente limpiando nuestras imperfecciones y nuestras fallas; todo aquello que hicimos y que no debimos haber hecho, y todo aquello que no hicimos y que Dios esperaba que hiciéramos: *"Jesús le dijo: El que está lavado no necesita sino lavarse los pies, pues está todo limpio..."* (Juan 13:10 RVR95).

De cualquier manera, aunque la tendencia natural para el cristiano es ser prosperado y dar su fruto en su tiempo, a lo largo de su paso por este mundo habrán momentos difíciles, en los que el trabajo que Dios está realizando en su vida le hará verse en medio de complicaciones y apuros, en tiempos cuando el Señor estará proveyéndole formación, enseñanza o dirección, templando su carácter, protegiéndolo de peligros, probando diferentes aspectos de su vida para hacer evidente el nivel espiritual alcanzado hasta ese momento, etc. Muchas de estas acciones de Dios realizadas en la vida de Sus hijos generan tiempos extremadamente difíciles en ellos. Es muy importante tener presente en esos momentos que Dios nos ama y que procura nuestro bien, y que las dificultades que de pronto nos sobrevienen de parte de Él son producto de algo bueno que Él está haciendo en nuestras vidas. Y aunque no sepamos lo que Dios está haciendo, podemos tener la plena confianza de que será para nuestro bien y para el bien de Su reino.

Viendo esto mismo desde otro punto de vista, podríamos decir que el hecho de que tiempos difíciles vengan a nuestras vidas nos debe causar alegría, porque eso nos permite ver que Dios se está ocupando de nosotros para hacernos bien: *"Hermanos míos, gozaos profundamente cuando os halléis en diversas pruebas"* (Santiago 1:2 RVR95). Las dificultades en la vida del cristiano son una buena señal. Y si no vinieran tiempos difíciles a nuestras vidas, entonces deberíamos estar muy preocupados, porque eso significaría que no somos hijos de Dios: *"Porque el Señor al que ama, disciplina, y azota a todo el que recibe por hijo. Si soportáis la disciplina, Dios os trata como a hijos; porque ¿qué hijo es aquel a quien el padre no disciplina? Pero si se os deja sin disciplina, de la cual todos han sido participantes, entonces sois bastardos y no hijos"* (Hebreos 12:6–8 RVR 1960).

Dios no trata de la misma manera a los Suyos y a los que no lo son. Cuando los que no son ciudadanos del reino de Dios pasan por tiempos difíciles, sus dificultades y aflicciones nada tienen que ver con ningún trabajo de edificación que Dios esté haciendo en sus vidas. Todo padre de familia disciplina sólo a sus hijos, no a los hijos de los demás; y cuando Dios disciplina a Sus hijos lo hace para hacerlos crecer espiritualmente, para que le puedan servir con más eficacia, y para perfeccionarlos haciéndolos más conformes a la imagen de Su Hijo Jesucristo. Asaf sigue diciendo en el mismo salmo: *"... me tomaste de la mano derecha. Me has guiado según tu consejo, y después me recibirás en gloria"* (Salmo 73:23–24 RVR95). Siendo Dios nuestro Padre, hemos de esperar que en ocasiones nos azote con vara, ya que Su corrección nos ayudará a andar en Su camino: *"Antes que fuera yo humillado, descarriado andaba; mas ahora guardo tu palabra... Bueno me es haber sido humillado, para que aprenda tus estatutos"* (Salmo 119:67 y 71 RVR 1909).

1.2 Dios tiene razones para hacer lo que hace

Una columna realiza una función muy importante en un edificio, ya que normalmente es utilizada para que su techo no se caiga y para contribuir a que su estructura en general se mantenga en pie. Cada cristiano, por pequeño que sea en la fe, es muy importante en el reino de Dios. El Señor Jesús dijo: *"Al que venciere, yo lo haré columna en el templo de mi Dios..."* (Apocalipsis 3:12 RVR 1909). Así, a cada uno de los que hemos sido redimidos mediante el sacrificio que realizó Cristo en la cruz, nos ha sido dada una función muy importante. Dios nos ha dado que uno o varios asuntos importantes de Su reino dependan de cada uno de Sus siervos.

La capacidad y las condiciones para realizar esta tan importante función nos han sido dadas, puesto que el Señor así lo prometió. A unos les es dada una función y a otros otra; no a todos se nos encarga lo mismo: *"De manera que, teniendo diferentes dones, según la gracia que nos es dada, si el de profecía, úsese conforme a la medida de la fe; o si de servicio, en servir; o el que enseña, en la enseñanza; el que exhorta, en la exhortación; el que reparte, con liberalidad; el que preside, con solicitud; el que hace misericordia, con alegría"* (Romanos 12:6–8 RVR 1960). Por supuesto, esta lista de dones espirituales no es exhaustiva, es decir, no incluye todos los dones espirituales que existen, como podemos fácilmente comprobar al leer otra lista donde se nos habla de otros dones diferentes: *"Porque a éste es dada por el Espíritu palabra de sabiduría; a otro, palabra de ciencia según el mismo Espíritu; a otro, fe por el mismo Espíritu; y a otro, dones de sanidades por el mismo Espíritu. A otro, el hacer milagros; a otro, profecía; a otro, discernimiento de espíritus; a otro, diversos géneros de lenguas; y a otro, interpretación de lenguas. Pero todas estas cosas las hace uno y el mismo Espíritu, repartiendo a cada uno en particular como él quiere"* (1 Corintios 12:8–11 RVR 1960). En una lista se habla de unos dones espirituales y en la otra lista se nos habla de otros dones diferentes. De manera que ninguna de las dos listas incluye en forma exhaustiva todos los dones espirituales que Dios tiene disponibles para Sus hijos. El texto bíblico no dice en ninguna parte que todos los dones espirituales existentes están listados aquí, ni tampoco dice lo contrario. Por lo tanto, es posible suponer que aun la suma de las dos listas no incluya en forma exhaustiva todos los dones espirituales que Dios puede dar a Sus hijos para que le sirvan.

Algunos que sirven al Señor como pastores de iglesias, misioneros, directores de algún departamento en su iglesia, maestros de escuela dominical, etc., quizás puedan creer que eso es todo lo que Dios les ha dado para servirle, y que eso es todo lo que Dios espera de ellos. Pero Dios puede esperar, más allá de estas labores, otras cosas que probablemente ellos ni siquiera pueden imaginar; servicios que pueden ofrecer al Señor sin estar enterados de que los están realizando. Dios es el que hace la obra en ellos sin que ellos necesariamente tengan que darse cuenta de que lo que hacen está sirviéndole, de acuerdo con Su propósito. Y quizás nunca lo lleguen a saber mientras estén en este mundo. Por supuesto, esto se aplica a todo cristiano, y no sólo a los que sirven al Señor de alguna de las maneras que acabamos de mencionar.

Comúnmente sucede que en el proceso de servir al Señor con lo que Él espera de nosotros, tengamos que experimentar sufrimientos y aflicción. En particular, cuando Dios está haciendo algo por medio nuestro en favor de Su reino, que está pasando inadvertido delante de nuestros ojos, es natural que tampoco podamos entender por qué están viniendo esos sufrimientos a nuestras vidas. Y es necesario que cuando vienen estas aflicciones cuya causa no conocemos, seamos hallados confiando en que Dios sabe lo que hace en nosotros, que Dios todo lo hace con un propósito, y que todo lo que hace es para bien, aunque por ahora no entendamos lo que está haciendo: *"De Jehová son los pasos del hombre: ¿Cómo pues entenderá el hombre su camino? (Proverbios 20:24 RVR 1909)*. Esta es sólo una de las posibles causas por las que los hijos de Dios sufren; por supuesto que hay más posibles causas, como veremos en mayor detalle en la segunda parte de este libro.

Además de esto último que acabamos de considerar, es importante tener en mente que Dios es soberano, y que tiene el derecho de hacer Su voluntad en las vidas de Sus siervos, y en general, en todo el universo. Puesto que Él nos creó, por lo tanto le corresponde el derecho de hacer lo que desee con lo que ha creado. Pero no sólo le corresponde hacer lo que desee en nuestras vidas por habernos creado, o porque tiene el poder para hacerlo, sino además también porque nosotros, los que voluntariamente nos hemos sometido bajo Su autoridad, lo hemos hecho el Señor de nuestras vidas y por lo tanto le hemos otorgado el derecho de hacerlo; y debemos estar dispuestos a experimentar el sufrimiento y la aflicción si Él, como nuestro Señor, así lo determina. Por eso Dios hace algunas cosas en las vidas de Sus hijos que no hace en las vidas de los que no forman parte de Su reino, quienes no le han otorgado voluntariamente ese derecho. Un cierto grupo de personas, los que no son ciudadanos del reino de Dios, han decidido mantener el control de sus vidas, y Dios les respeta el que puedan hacerlo si lo desean: *"Entonces toda la multitud de la tierra de los gadarenos alrededor, le rogaron que se fuese de ellos; porque tenían gran temor. Y él, subiendo en el barco, volvióse"* (Lucas 8:37 RVR 1909). Un segundo grupo desea que el Señor venga a sus vidas, pero no como Señor, sino como huésped. Y aunque dicen reconocer que el camino del Señor es bueno, siguen manteniendo el control sobre muchos aspectos de sus vidas: *"Al salir él para seguir su camino, llegó uno corriendo y, arrodillándose delante de él, le preguntó: Maestro bueno, ¿qué haré para heredar la vida eterna? Jesús le dijo: ¿Por qué me llamas bueno? Nadie es bueno, sino sólo uno, Dios. Los mandamientos sabes: No adulteres. No mates. No hurtes. No digas falso testimonio. No defraudes. Honra a tu padre y a tu madre. El entonces, respondiendo, le dijo: Maestro, todo esto lo he guardado desde mi juventud. Entonces Jesús, mirándolo, lo amó y le dijo: Una cosa te falta: anda, vende todo lo que tienes y dalo a los pobres, y tendrás tesoro en el cielo; y ven, sígueme, tomando tu cruz. Pero él, afligido por esta palabra, se fue triste, porque tenía muchas posesiones"* (Marcos 10:17–22 RVR95). Pero un tercer grupo de personas ha invitado a Cristo a venir a ellos, y le ha hecho su Señor. Estos han renunciado a tener el control de sus vidas, el cual han entregado a Cristo, y voluntariamente se han sometido a Él como Sus siervos. Este es el grupo de personas del que nos estaremos ocupando a lo largo de este libro.

Dios hace obras maravillosas en aquellos que le han entregado el control de sus vidas. Pero como veíamos arriba, frecuentemente hay sufrimiento y aflicción de por medio. El ejemplo de Isaac nos ayuda a comprender un poco mejor las ideas que estamos considerando. Isaac es uno de los patriarcas bíblicos más selectos. A lo largo de la Biblia encontramos muchos buenos comentarios acerca de él, lo cual nos permite entender que como persona agradó mucho a Dios. El Señor utilizó a Isaac para hacer Su voluntad aun cuando esto pasó desapercibido delante de los ojos de este patriarca. No todo fue color de rosa en su vida. El libro de Génesis narra diferentes circunstancias que le causaron sufrimiento y aflicción, como por ejemplo cuando su medio hermano Ismael se burlaba de él (Génesis 21:9), cuando Dios ordenó a su padre Abraham ofrecerlo en sacrificio (Génesis 22:7–10), cuando tuvo que emigrar por causa del hambre a Gerar (Génesis 26:1) para más adelante ser objeto de envidia de los habitantes de dicho lugar y ser expulsado de sus contornos (Génesis 26:14–17). Por supuesto, prácticamente siempre, Isaac respondió a la altura de lo que Dios esperaba de él.

La Biblia no nos dice que el padre o que los hijos de Isaac hubieran tenido problemas con sus ojos, por lo cual podemos suponer que nunca tuvieron problemas en ese sentido; todo parece indicar que ese no fue un problema de familia. Pero en cuanto a Isaac sí se nos dice claramente que sufrió la pérdida del sentido de la vista varias décadas antes de su muerte. Esto último lo podemos saber fácilmente haciendo uso de simple aritmética, en base a la información que se nos proporciona en el libro de Génesis: Isaac tenía 40 años de edad cuando tomó por mujer a Rebeca (Génesis 25:20), y como Rebeca era estéril y no podía tener hijos (Génesis 25:21), después de haber orado y suplicado Isaac a Dios, pasaron 20 años hasta que el Señor le concedió su petición. De manera que Isaac tenía 60 años cuando nacieron sus hijos gemelos Esaú y Jacob (Génesis 25:24–26). Isaac murió a los 180 años de edad (Génesis 35:28–29), es decir, cuando Esaú y Jacob tenían alrededor de 120 años de edad. Y el texto bíblico nos permite ver que Jacob ya se sentía bastante viejo a esa edad de 120 años, puesto que cuando entró en Egipto diez años más tarde, a los 130 años de edad, era evidente que ya tenía una edad muy avanzada. A Faraón le llamó la atención la ancianidad de Jacob y cortésmente le preguntó por su edad: *"Y dijo Faraón a Jacob: ¿Cuántos son los días de los años de tu vida? Y Jacob respondió a Faraón: Los días de los años de mi peregrinación son ciento treinta años; pocos y malos han sido los días de los años de mi vida, y no han llegado a los días de los años de la vida de mis padres en los días de su peregrinación"* (Génesis 47:8–9 RVR 1909). Desde el tiempo en que Jacob era joven, cuando engañó a su padre y robó la primogenitura a su hermano Esaú, antes de que se fuera a la casa de Labán y antes de que nacieran todos sus hijos, Isaac ya estaba ciego (Génesis 27:1). Es decir, que Isaac estuvo ciego desde el tiempo en que Jacob era joven, hasta que este envejeció y llegó a tener 120 años de edad, y él 180.

Además de que Isaac sufrió muchísimos años por carecer del sentido de la vista, también sufrió mucho debido a que tuvo una vejez excesivamente prolongada, ya que desde el tiempo en que Jacob estaba joven, cuando le robó a su hermano Esaú la primogenitura, Isaac ya estaba tan viejo que creía que se iba a morir: *"Aconteció que cuando Isaac envejeció y sus ojos se oscurecieron quedando sin vista, llamó a Esaú, su hijo mayor, y le dijo: ¡Hijo mío! Él respondió: Aquí estoy. Ya soy viejo, dijo Isaac, y no sé el día de mi muerte."* (Génesis 27:1–2 RVR95). Pero no sólo Isaac creía que el día de su muerte parecía estar cerca, sino que Rebeca su mujer también lo veía tan viejo que pensaba lo mismo, y le dijo ella a Jacob: *"Ve ahora al ganado y tráeme de allí dos buenos cabritos de las cabras, y haré con ellos un guisado para tu padre, como a él le gusta. Tú lo llevarás a tu padre, y él comerá, para que te bendiga antes de su muerte"* (Génesis 27:9–10 RVR95). Pero contrario a lo que se esperaba, Isaac continuó viviendo, dentro de un marco de gran sufrimiento por causa de su ceguera y de su muy prolongada ancianidad, desde el tiempo cuando Jacob era joven, hasta que Jacob fue un viejo de 120 años de edad y él alcanzó los 180 años.

Dios amó a Jacob porque este consideró preciosa la bendición de Dios, y la deseó para sí, aunque no le correspondía. A la vez, Dios aborreció a Esaú, puesto que este menospreció dicha bendición que le correspondía por derecho de primogenitura (Malaquías 1:2–3). En el tiempo en que ocurrían estas cosas quizás alguien pudo haberse preguntado cómo es que Dios podía permitir que su siervo amado Isaac tuviera que vivir tantos años de sufrimiento padeciendo la ceguera. Pero ahora, muchos años después de esos sucesos, es fácil para nosotros darnos cuenta de que era necesario que Isaac estuviera ciego, ya que nunca le hubiera dado la bendición de la primogenitura a Jacob si hubiera estado bien de sus ojos. A lo largo de toda la Biblia vemos como la Palabra de Dios habla bien de Jacob, a quien Dios cambió su nombre por Israel. Agradó mucho a Dios que Jacob estimara preciosa la bendición que Esaú menospreciaba, y que la deseara para sí aunque no le correspondía. Pero le era necesario suplantar a su hermano en una situación riesgosa: *"Pero Jacob dijo a Rebeca, su madre: Mi hermano Esaú es hombre velloso, y yo lampiño. Quizá me palpará mi padre; me tendrá entonces por burlador y traeré sobre mí maldición y no bendición" (Génesis 27:11–12 RVR95).* Era necesario que Isaac estuviera ciego para que Jacob pudiera obtener de él la bendición de la primogenitura que estaba destinada a Esaú (Génesis 25:34). Dios facilitó las cosas para que esto fuera posible. Y sin duda el hecho de que las cosas se le facilitaran a Jacob con la ceguera de su padre para obtener dicha bendición vino de la mano de Dios, puesto que como dijo el profeta Jeremías: *"¿Quién será aquel que diga que sucedió algo que el Señor no mandó? (Lamentaciones 3:37 RVR 1960).* Con esto Dios nos enseña en Su Palabra, entre otras cosas, cuán importante es para Él que tengamos por valioso lo que Él nos ofrece, y cuánto le desagrada que menospreciemos lo que nos da.

Así pues, el hecho de que Isaac se sintiera tan viejo, como a punto de morir, desde aproximadamente 80 años antes de su muerte, como para ya pensar en pasar la bendición de Abraham a su hijo Esaú; y que también estuviera ciego desde entonces, tuvo un propósito y una razón de ser. Y es muy posible que Isaac nunca haya alcanzado a comprender mientras vivía cómo su ceguera y su vejez contribuyeron a cambiar el rumbo de la historia, y cómo él sirvió a Dios aun sin proponérselo. Pero Dios actuó por medio de él sin que él lo supiera. Esa bendición que recibió Jacob de su padre permitió que muchos años después el Señor Jesucristo viniera al mundo de entre su descendencia. Y esto nos ayuda a entender cómo Dios hace cosas a través de sus hijos, y cómo estos quizás ni siquiera lleguen a enterarse de ello. En otras palabras, podemos decir que el sufrimiento y la aflicción que nos toca vivir el día de hoy también tienen un propósito dentro de los planes de Dios, aunque muchas veces ni siquiera sepamos que Dios está haciendo algo muy importante a través de nosotros y cómo el Señor Jesús nos está constituyendo como columnas en el templo de Dios Padre como prometió (Apocalipsis 3:12).

Pero con estas breves consideraciones, quizás alguno de nuestros amables lectores pueda pensar que lo que se está sugiriendo en esta sección es que Dios aprueba, promueve, y ve con agrado el engaño. La verdad es que de ninguna manera es así. Entonces, ¿cómo es posible que Jacob haya agradado a Dios cuando engañó a su padre? Puesto que sería difícil explicarlo con pocas palabras dentro del marco de la presente sección, daremos respuesta a esa pregunta en la sección que viene en seguida.

1.3   Obligados a escoger entre dos malas opciones

Dios nos ordena en Su Palabra que tengamos mucho cuidado de no mentir: *"... y todos los mentirosos tendrán su parte en el lago que arde con fuego y azufre, que es la muerte segunda" (Apocalipsis 21:8 RVR 1960).* (Vea además: Proverbios 20:17).

Cuando los hijos de Dios tienen que escoger entre hacer lo bueno o hacer lo malo, es fácil para ellos escoger hacer lo bueno. Pero hay ocasiones en que el cristiano se ve obligado a escoger entre dos opciones malas, no existiendo una tercera opción. En este caso, en que el cristiano está obligado a hacer algo malo, debe escoger hacer el mal menor. Podríamos llamar a este criterio: "el principio del mal menor", por llamarlo de alguna manera, y para referirnos a él posteriormente. Seguramente estas ideas parecerán extrañas a simple vista, pero podemos analizarlas más a fondo utilizando algunos ejemplos bíblicos.

Por ejemplo, cuando los hijos de Israel estaban como esclavos en Egipto, habiendo comenzado a reproducirse y a multiplicarse en gran manera, Faraón, el rey de Egipto, dio una orden a las parteras de las hebreas que las puso en un serio predicamento: *"También habló el rey de Egipto a las parteras de las hebreas, una de las cuales se llamaba Sifra y la otra Fúa, y les dijo: Cuando asistáis a las hebreas en sus partos, observad el sexo: si es hijo, matadlo; si es hija, dejadla vivir. Pero las parteras temieron a Dios y no hicieron como les mandó el rey de Egipto, sino que preservaron la vida a los niños"* (Éxodo 1:15–17 RVR95). Y luego, cuando Faraón se enteró de que las parteras no estaban matando a los niños varones como él les ordenó, las llamó a cuentas, y ellas le mintieron: *"Y el rey de Egipto hizo llamar a las parteras y les dijo: ¿Por qué habéis hecho esto, que habéis preservado la vida a los niños? Y las parteras respondieron a Faraón: Porque las mujeres hebreas no son como las egipcias; pues son robustas, y dan a luz antes que la partera venga a ellas"* (Éxodo 1:18–19 RVR 1960). Las parteras se enfrentaron a una situación en la que tenían que escoger entre tres opciones: matar a todos los niños varones que fueran naciendo, mentir, o decirle que no a Faraón viéndolo a los ojos. Las primeras dos opciones habrían sido pecado, y la tercera no. Lo más probable es que les haya costado trabajo a las parteras decidir, y que hayan necesitado un poco de tiempo para reflexionar sobre el asunto antes de estar seguras de lo que debían hacer, de manera que no habrían estado en posibilidad de dar a Faraón la mejor respuesta en el momento de su entrevista con él. Además, si las parteras le hubieran podido dar a Faraón una respuesta rápida diciéndole que no lo obedecerían, Faraón seguramente las hubiera mandado matar y habría puesto en su lugar a otras parteras, las cuales muy probablemente sí habrían matado a los niños; de manera que su sacrificio no contribuiría a evitar la muerte de los niños. De ser esto así, las parteras habrían tenido sólo dos opciones: matar a todos los niños varones, o mentir. Puesto que las dos opciones eran malas, las parteras decidieron tomar la opción menos mala, es decir, decidieron mentirle a Faraón antes que matar a los niños. Y Dios se agradó de la decisión que ellas tomaron, de hacer el menor mal posible: *"Y Dios hizo bien a las parteras; y el pueblo se multiplicó y se fortaleció en gran manera. Y por haber las parteras temido a Dios, él prosperó sus familias"* (Éxodo 1:20–21 RVR 1960).

Otro ejemplo bíblico en el que vemos aplicado el principio del mal menor es el de Rahab la ramera, quien hizo pacto con los espías israelitas que envió Josué a reconocer la ciudad de Jericó para luego invadirla y tomarla militarmente. Rahab, entendiendo que Dios ya había entregado la victoria a los israelitas (Josué 2:9), pactó con ellos cuando eran buscados por los siervos del rey de Jericó para matarlos. Rahab les ofreció esconderlos y protegerlos para que pudieran conservar la vida, a cambio de lo cual les pidió que cuando el ejército de Israel tomara la ciudad, les respetara la vida a ella, a sus padres, y a otros familiares. Los espías israelitas aceptaron el trato, y Rahab les dio lugar donde esconderse (Josué 2:8–16). Y cuando los siervos del rey de Jericó vinieron a preguntarle dónde estaban los espías, ella tuvo que escoger entre dos opciones malas: mentirle a los siervos del rey, o entregar a los espías a la muerte. Como sabemos, esta última opción hubiera conducido también a la muerte de ella y de sus familiares, lo cual eventualmente habría sucedido cuando los israelitas tomaran Jericó (Josué 2:2–7). Así es que no existiendo una tercera opción, Rahab escogió mentir. Al igual que en el ejemplo anterior de las parteras en Egipto, a Rahab también la bendijo el Señor por haber escogido la opción menos mala, es decir, por haber decidido hacer el mal menor: *"Mas Josué salvó la vida a Rahab la ramera, y a la casa de su padre, y a todo lo que ella tenía: y habitó ella entre los israelitas hasta hoy; por cuanto escondió los mensajeros que Josué envió a reconocer a Jericó"* (Josué 6:25 RVR 1909).

De la misma manera, continuando con lo que discutimos en la sección anterior, y con el propósito de responder a la pregunta: ¿Cómo es posible que Jacob haya agradado a Dios cuando engañó a su padre?, podemos decir que Jacob se vio frente a una situación en la que tenía que escoger entre dos opciones malas: una era mentirle a su padre para poder obtener la bendición de Dios que su hermano Esaú menospreciaba; y la otra opción era no pecar mintiéndole a su padre, pero a costa de dejar ir la magnífica bendición que estaba disponible, es decir, no recibirla de parte de Dios. No existiendo una tercera opción, y valorando y deseando Jacob la bendición de Dios en gran manera; bendición que podría recibir mediante la bendición de su padre, Jacob decidió no cometer el mismo error que cometió su hermano Esaú, de menospreciar la bendición de Dios, y decidió ir por ella y tomarla aunque tuviera que mentir.

Y como concluimos en la sección anterior, mediante la ceguera de Isaac, Dios probó a Jacob proveyéndole las condiciones necesarias para que pudiera decidir lo que habría de hacer. Y como vimos, Jacob entendió que tomar la bendición de Dios aunque tuviera que mentir para ello, sería mejor, o menos malo, que la única alternativa que existía, de no mentir, pero no obtener la bendición que su hermano menospreciaba. También en esta ocasión, al igual que en los ejemplos anteriores de las parteras y de Rahab, Dios se agradó en gran manera de que Jacob hubiera hecho esa selección, y lo bendijo grandemente (Génesis 35:9–12). Y no sólo se agradó Dios porque Jacob hubiera hecho el mal menor, sino también porque estimó preciosa Su bendición a tal grado que utilizó los medios que tenía a su alcance para no dejarla ir.

1.4   En ocasiones nos es dado saber lo que Dios está haciendo o lo que va a hacer

Aunque como cristianos no tenemos que saber lo que Dios está haciendo en nuestras vidas, o en las vidas de otros que están a nuestro alrededor, a veces sí nos es dado saberlo. Un ejemplo de esto es lo que le sucedió a Abraham cuando Dios decidió destruir las ciudades de Sodoma y Gomorra: *"Y Jehová dijo: "¿Encubriré yo a Abraham lo que voy a hacer, habiendo de ser Abraham una nación grande y fuerte, y habiendo de ser benditas en él todas las naciones de la tierra?"* (Génesis 18:17–18 RVR 1960).

Además del ejemplo anterior, podemos encontrar en la Biblia muchas otras historias en las que se nos narra cómo Dios ha permitido a diferentes personas conocer Sus planes acerca de lo que va a hacer. Unos cuantos de esos ejemplos son los siguientes: cuando Dios dio a conocer a Noé Su plan de hacer morir todo ser viviente sobre la tierra mediante un diluvio (Génesis 6:13–22); cuando Dios hizo saber a Faraón, a través de José, que vendrían siete años de gran abundancia seguidos de otros siete años de hambre en Egipto (Génesis 41:25); cuando Dios dio a conocer al rey Nabucodonosor acerca de los cinco grandes reinos terrenales que gobernarían el mundo a lo largo de la historia de la humanidad y acerca del reino eterno de Cristo, el cual no será jamás destruido (Daniel 2:28, 44, 45); cuando Dios hizo saber al mismo Nabucodonosor acerca del castigo que recibiría por causa de su soberbia (Daniel 4:24–37); cuando Dios informó al rey David acerca de su futuro y del de su descendencia (2 Samuel 7:8–17); cuando Dios hizo saber al rey Salomón que lo convertiría en el hombre más sabio en toda la historia de la humanidad (1 Reyes 3:10–12); cuando Dios mostró al apóstol Pablo lo que debía hacer en el futuro inmediato, cuando se le apareció en el camino a Damasco (Hechos 9:3–6); cuando Dios envió un ángel para instruir a Cornelio para que mandara traer a Pedro, con el fin de que le explicara cómo obtener salvación eterna para él y para los suyos (Hechos 10:3–6); cuando Dios hizo saber a Simeón que no vería la muerte antes que viese al Ungido del Señor (Lucas 2:25–35); etc. Estos son sólo unos cuantos de los muchos ejemplos que se pueden encontrar en la Biblia acerca de personas a quienes Dios les permitió conocer Sus planes y lo que se disponía a hacer.

En muchas ocasiones lo que Dios permite conocer involucra directamente a la persona que ha sido informada, como en los casos arriba mencionados. Pero en muchas otras ocasiones, lo que Dios da a conocer no involucra de manera directa a la persona que recibió la información, sino que tiene que ver más bien con Sus planes para el futuro de la totalidad del pueblo de Dios, e incluso acerca de Sus planes para el mundo en general. Como ejemplos de este segundo caso podemos citar el anuncio del nacimiento del Señor Jesús a través de una virgen dado a Acaz, rey de Judá (Isaías 7:14); el plan de Dios comunicado al rey Ciro de Persia para que ordenara y apoyara el regreso de los judíos que estaban en el exilio a su tierra, y para que se reconstruyese el templo en Jerusalén (2 Crónicas 36:22–23); la revelación dada al profeta Daniel acerca de los conflictos que vendrían entre Persia, la Grecia de Alejandro Magno, y los reinos que surgirían tras la muerte de éste (Daniel 10:14 hasta el 11:45), la revelación que hizo el Señor Jesús a Sus discípulos acerca de las señales antes del fin (Mateo 24:1–51); la revelación que recibió la iglesia de Tesalónica acerca de la futura resurrección de los muertos, del arrebatamiento de la iglesia y de la segunda venida de Cristo a este mundo (1 Tesalonicenses 4:13–5:4), etc.

Puesto que Dios es el mismo ayer, hoy y por los siglos (Hebreos 13:8), así como ha dado a conocer Sus planes a Sus siervos en el pasado, también en este tiempo a veces Dios permite a sus siervos conocer Sus planes y lo que se dispone a hacer. El Señor Jesús dijo: *"Aún tengo muchas cosas que deciros, pero ahora no las podéis sobrellevar. Pero cuando venga el Espíritu de verdad, él os guiará a toda la verdad, porque no hablará por su propia cuenta, sino que hablará todo lo que oiga y os hará saber las cosas que habrán de venir"* (Juan 16:12–13 RVR95).

1.5 Otras veces no nos es dado saber lo que Dios está haciendo, o nos será dado saberlo más tarde

En la sección anterior vimos cómo en muchas ocasiones Dios revela o permite conocer Sus planes a Sus hijos. Sin embargo, no siempre sucede así. En otras ocasiones Dios oculta o encubre lo que se propone hacer. En la Biblia podemos encontrar también evidencia de esto, como es el caso que narra el apóstol Juan: *"Vi descender del cielo otro ángel fuerte, envuelto en una nube, con el arco iris sobre su cabeza. Su rostro era como el sol y sus pies como columnas de fuego. Tenía en su mano un librito abierto; puso su pie derecho sobre el mar y el izquierdo sobre la tierra y clamó a gran voz, como ruge un león; y cuando hubo clamado, siete truenos emitieron sus voces. Cuando los siete truenos hubieron emitido sus voces, yo iba a escribir; pero oí una voz del cielo que me decía: Sella las cosas que los siete truenos han dicho, y no las escribas"* (Apocalipsis 10:1–4 *RVR95*). Por alguna razón que desconocemos, no era conveniente que ninguno de nosotros, como pueblo de Dios, tuviéramos acceso a esa información, al menos no por el momento. El apóstol Juan escuchó y entendió la información contenida en los siete truenos, pero no le fue permitido compartirla con nosotros. No sabemos cuál fue la razón por la que Dios juzgó que no era conveniente que nosotros lo supiéramos. Lo más probable es porque por ahora no estamos listos para tener ese conocimiento. Con frecuencia el pueblo de Dios no está listo para recibir información de parte del Señor. Como vimos en la sección anterior, Cristo dijo a Sus discípulos: *"Aún tengo muchas cosas que deciros, pero ahora no las podéis sobrellevar. Pero cuando venga el Espíritu de verdad, él os guiará a toda la verdad... y os hará saber las cosas que habrán de venir"* (Juan 16:12–13 *RVR95*). Cuando el Señor dijo esas palabras, no había venido todavía el Espíritu Santo; ahora ya vino (Hechos 2:1–4). Pero el hecho de que ya haya venido no quiere decir que ya nos fue revelado todo lo que Dios sabe, todo lo que Dios piensa, y todo lo que tiene disponible para comunicarnos. Poco a poco, en nuestro caminar diario con Dios, y a su debido tiempo, el Espíritu de Dios nos irá revelando lo que vaya siendo necesario.

La grandeza de Dios está fuera del alcance de la comprensión del ser humano, por lo que es de esperarse que estemos lejos de poder entender todo lo que Dios piensa, lo que está haciendo, y lo que planea hacer en el futuro. Dios revela unas pocas cosas a los mortales con varios propósitos, entre los cuales podríamos mencionar el que nuestra fe crezca, que estemos preparados para la tarea que nos ha encomendado cuando llegue el tiempo para realizarla, que estemos preparados para sobrevivir y soportar los tiempos difíciles que han de venir en el futuro sobre todo el mundo, que nos preparemos mentalmente a confiar en Él para que tengamos paz al caminar por el valle de sombra de muerte, etc., sólo por mencionar unos pocos. Pero dada Su grandeza, y la diferencia entre Su estatura y la nuestra, es de esperarse que por ahora se reserve para Sí muchas cosas: *"Las cosas secretas pertenecen a Jehová nuestro Dios: mas las reveladas son para nosotros y para nuestros hijos por siempre, para que cumplamos todas las palabras de esta ley." (Deuteronomio 29:29 RVR 1909).*

En ocasiones tal vez nos parezca que lo que Dios hace no tiene sentido, lo cual no es más que una señal de que no sabemos o que no entendemos lo que Dios está haciendo. Sin embargo, es frecuente que un poco más adelante Dios nos permita comprenderlo. A veces quisiéramos que Dios hiciera algo o que nos diera algo, y no sólo no nos lo da, sino que hace o nos da lo contrario. Dios nos ama más que lo que nosotros amamos a nuestros hijos, y puesto que Dios sabe mejor que nosotros lo que conviene, no nos da lo que le pedimos, sino lo que es mejor. Tal fue el caso del profeta Jonás; el Señor no hizo lo que él deseaba sino lo contrario. Dios lo envió a la ciudad de Nínive, la cual era la capital del gran imperio asirio, a anunciarle que se disponía a castigarla. El imperio asirio había sido muy sanguinario y cruel con las naciones vecinas, y Jonás, al igual que mucha gente en ese tiempo, guardaba gran rencor contra esa nación. Jonás deseaba que Dios les diera el pago por todas sus maldades sin avisarles, porque Jonás temía la posibilidad de que si se les anunciaba que serían destruidos, quizás podrían arrepentirse y Dios los perdonaría, lo cual para Jonás sería injusto. Por lo tanto, Jonás se negó a obedecer la orden del Señor de ir a Nínive, y se dispuso más bien a ir a Tarsis: *"Vino palabra de Jehová a Jonás hijo de Amitai. diciendo: Levántate y ve a Nínive, aquella gran ciudad, y pregona contra ella; porque ha subido su maldad delante de mí. Y Jonás se levantó para huir de la presencia de Jehová a Tarsis, y descendió a Jope, y halló una nave que partía para Tarsis; y pagando su pasaje, entró en ella para irse con ellos a Tarsis, lejos de la presencia de Jehová"* (Jonás 1:1-3 RVR 1960). Pero Dios no le permitió que hiciera lo que quisiera. Cuando alguien no es siervo de Dios, puede hacer lo que quiera; puede desobedecer si lo desea. Por supuesto que Dios lo castigará más adelante por su desobediencia, pero por el momento puede desobedecer a Dios si así lo quiere. Pero cuando Dios ha recibido a alguien como Su siervo de confianza, a quien le ha dado un lugar sobresaliente entre otros muchos de Sus siervos, ahora le tiene que servir; ¿cómo podría un siervo de tal nivel de compromiso no servirle? Ese fue el caso de Jonás, Dios le había recibido como Su siervo de confianza, lo hizo Su profeta, y ahora le tenía que servir, o morir. Al navegar Jonás hacia Tarsis Dios levantó una gran tempestad en el mar, de manera que Jonás fue echado al agua y un gran pez se lo tragó. En el vientre del pez Jonás reconoció su pecado de desobediencia y oró a Dios (Jonás 2:1), y Dios le concedió una segunda oportunidad. Dios mandó al pez que vomitara a Jonás en tierra (Jonás 2:10).

Ante tales circunstancias Jonás no tuvo más alternativa que obedecer a Dios, y se dirigió a Nínive a realizar lo que le había sido ordenado inicialmente: *"Y comenzó Jonás a entrar por la ciudad, camino de un día, y predicaba diciendo: De aquí a cuarenta días Nínive será destruida" (Jonás 3:4 RVR 1960).* Y sucedió tal como Jonás temía: los habitantes de Nínive creyeron el mensaje de Dios anunciado por él, reconocieron sus pecados y se arrepintieron de verdad y de corazón (Jonás 3:4–9), por lo cual Dios también se arrepintió del mal que había dicho que les haría, y no lo hizo (Jonás 3:10). Ante tal situación, Jonás se enojó en gran manera, tanto que pidió a Dios que le quitara la vida; él no podía entender ni aceptar cómo una gente que había hecho tanto mal podía ser perdonada (Jonás 4:1–3). Pero Dios le tuvo paciencia a Jonás, sabiendo que éste no entendía Su lógica divina, y que Sus caminos estaban muy por encima de la mente de Jonás: *"Y Jehová le dijo: ¿Haces tú bien en enojarte tanto? (Jonás 4:4 RVR 1909).* Después de todo ¿podría Dios ser clemente con los habitantes de Nínive y no serlo con Su siervo, aunque este estuviera incurriendo en fallas? Y en Su paciencia le presentó a Jonás una situación ilustrativa, a manera de ejemplo, para que él pudiera entender la lógica superior que estaba utilizando para tomar la decisión de perdonar a Nínive (Jonás 4:5–11).

Una situación semejante en la que el Señor Jesús no concedió lo que se le pidió, sino más bien lo contrario, fue en el caso del endemoniado gadareno. Este era un hombre que había sido poseído por un gran número de demonios simultáneamente (Marcos 5:9). El Señor lo libró de los demonios y hubieron testigos acerca de ello, los cuales salieron a dar aviso de lo sucedido por toda aquella región (Marcos 5:14). Ante lo cual, los habitantes del área: *"Y salieron a ver lo que había sucedido; vinieron a Jesús y hallaron al hombre de quien habían salido los demonios sentado a los pies de Jesús, vestido y en su cabal juicio; y tuvieron miedo"* (Lucas 8:35 RVR95). Debido al temor que se apoderó de la gente, y puesto que no conocían a Jesús, ni estaban preparados mentalmente para una situación como esta, no pudieron reaccionar con sabiduría, y comenzaron a rogarle que se fuera de sus contornos (Marcos 5:17). Cuando el Señor se disponía a retirarse: *"Al entrar él en la barca, el que había estado endemoniado le rogaba que lo dejara quedarse con él. Pero Jesús no se lo permitió, sino que le dijo: Vete a tu casa, a los tuyos, y cuéntales cuán grandes cosas el Señor ha hecho contigo y cómo ha tenido misericordia de ti"* (Marcos 5:18–19 RVR95). Obviamente eso no era lo que el hombre prefería, sin embargo, obedeció lo que el Señor le ordenó: *"Y se fue, y comenzó a publicar en Decápolis cuán grandes cosas Jesús había hecho con él: y todos se maravillaban"* (Marcos 5:20 RVR 1909). El Señor se fue del lugar como se le pidió, y puesto que la gente no estuvo lista para recibir Su salvación directamente de Él, dejó como misionero en el área al hombre a quien liberó de los demonios.

Así, una vez más podemos ver evidencia de que es común que los cristianos no sepan ni entiendan lo que el Señor está haciendo. Lo que pueden ver los siervos de Dios es que a menudo el Señor no les da lo que le piden, sino que más bien hace o les da lo contrario. Vemos cómo el Señor no le dio al hombre liberado de los demonios lo que le pidió. Pero tanto en ese caso como en el caso anterior de Jonás, lo que el Señor hizo fue mejor que lo que ambos deseaban, aunque ellos no lo hubieran podido entender en su momento. Sin duda conviene confiar en todo tiempo en que el Señor siempre hará o nos dará lo mejor, aunque por el momento no nos sea posible saber lo que está haciendo.

1.6 No creamos que sabemos lo que Dios está haciendo

Si Dios no nos revela lo que está haciendo, o lo que va a hacer, no tenemos forma de saberlo. A veces nos vemos tentados a creer que sabemos lo que Dios está haciendo acerca de algún asunto en particular, cuando no nos lo ha revelado; y es posible no sólo creerlo, sino que podemos llegar a estar seguros de que lo sabemos. Si creemos o damos por hecho algo que no es real, cuando se haga evidente que nos hemos equivocado, sin duda producirá en nosotros confusión, desánimo, tristeza y frustración, además de otras inconveniencias.

Para ilustrar lo anterior, podemos considerar el ejemplo de Job, a quien Dios hizo pasar por duras pruebas. Al leer un caso como el de Job, o cualquier otro, lo que Dios espera de nosotros es que podamos adquirir sabiduría al observar lo que le sucedió a ese siervo de Dios, cuál fue su reacción ante lo sucedido y a qué condujo todo ello. De ninguna manera es el propósito criticar al protagonista de la narración, sino más bien observar cómo reaccionó ante determinadas circunstancias y adquirir conocimiento acerca de qué hacer si una situación algo semejante se nos llega a presentar a nosotros.

Job era un hombre justo y también muy rico, dueño de una gran hacienda. Dios permitió que un terrible desastre le sobreviniera, perdiendo todos sus bienes e incluso a sus hijos (Job 1:13–19). Un poco más adelante Dios permitió que a lo anterior se le añadiera el hecho de que su salud física se viera gravemente afectada (Job 2:7–8).

Job afirmaba ser un hombre justo (Job 12:4, Job 13:18 y 23, Job 23:10–12); también aseguraba ser íntegro (Job 31:1–40). En su opinión algo andaba mal, y consideraba que Dios no debería permitir que semejantes males sobrevinieran a personas justas como él. Job sabía claramente que Dios es quien hace y sustenta todas las cosas. Él dijo: *"¿Qué cosa de todas estas no entiende que la mano de Jehová la hizo? (Job 12:9 RVR 1909).* Eso es algo que todos los siervos de Dios sabemos, o deberíamos de saber. El profeta Jeremías dijo lo mismo con otras palabras: *"¿Quién será aquel que diga que sucedió algo que el Señor no mandó? (Lamentaciones 3:37 RVR 1960).*

Tres amigos de Job fueron a visitarlo por causa de su lamentable situación. Todo parece indicar que verdaderamente lo apreciaban (Job 2:11–13). Ellos eran hombres que se esforzaban por ser rectos e íntegros; por algo eran amigos de Job. Y por esa misma razón trataron de ser muy honestos y objetivos al conversar con él. Tenían un gran aprecio por Job, pero a la vez, para ellos la rectitud y la verdad eran más importantes que la amistad. No trataron de adularlo diciéndole palabras amables y halagüeñas sólo para hacerlo sentir mejor, sino que le dijeron lo que verdaderamente pensaban: que Job andaba en pecado y que por eso le sobrevenía el mal. Por supuesto, se equivocaban, pero esa era la única explicación posible que venía a sus mentes, ya que ellos coincidían con Job en que no era posible que semejante mal le pudiera acontecer a un hombre justo. Ante las duras y amargas palabras de sus amigos, registradas en el mismo libro de Job, y debido a la presión que estaban ejerciendo sobre él para que reconociera su supuesta maldad, Job comenzó a tratar de analizar lo que había sucedido en su vida y pensó varias cosas, todas equivocadas: Que Dios lo estaba tratando con iniquidad ya que lo estaba quebrantando sin causa (Job 9:17), que Dios no hace diferencia entre el justo y el impío (Job 9:22), que Dios se ríe del sufrimiento de los inocentes (Job 9:23), que Dios cubre el rostro de los jueces para que no hagan justicia (Job 9:24), que de nada le sirve esforzarse por andar en rectitud y limpiarse de toda maldad, ya que de todas maneras Dios lo hundirá en el hoyo (Job 9:30–31), que Dios lo oprime y lo ha desechado siendo él justo y que más bien favorece a los impíos (Job 10:3). Y en su desesperación, Job va más allá: pide a Dios que le dé explicaciones de lo que hace: *"Diré a Dios: No me condenes, sino hazme entender por qué contiendes conmigo" (Job 10:2 RVR95),* y reclama a Dios por haber decidido darle vida: *"¿Por qué me sacaste de la matriz? Habría expirado y nadie me habría visto. Sería como si nunca hubiera existido, llevado del vientre a la sepultura" (Job 10:18–19 RVR95).*

Pero todo eso que Job llegó a creer estaba equivocado. Dios habló con él y lo reprendió: *"Y respondió Jehová a Job desde un torbellino, y dijo: ¿Quién es ése que oscurece el consejo con palabras sin sabiduría?"* (Job 38:1–2 RVR 1909). Job nunca hubiera podido saber cuál era la verdadera razón por la que le sucedían esos desastres, ni tampoco lo hubieran podido saber sus amigos. La razón era que Satanás se había presentado delante de Dios y había acusado a Job de ser un siervo fiel de Dios, justo, recto e íntegro sólo porque Dios lo estaba bendiciendo y prosperando, y porque había puesto un cerco de protección alrededor de él, de su casa y de todo lo que tenía (Job 1:9–10). Satanás aseguró a Dios que si dejaba de favorecerlo y de protegerlo, blasfemaría contra Él (Job 1:11). Ante esta grave acusación Dios decidió ponerlo a prueba para que se hiciera evidente si eso era verdad o no: *"Dijo Jehová a Satanás: He aquí, todo lo que tiene está en tu mano; solamente no pongas tu mano sobre él. Y salió Satanás de delante de Jehová."* (Job 1:12 RVR 1960). Job reaccionó de una manera muy adecuada ante esta gran prueba: adoró a Dios y reconoció el señorío de Él sobre su vida, y por lo tanto también sobre sus posesiones. Y puesto que Job entendía que Dios era Señor de su vida y de sus bienes, demostró también que reconocía el derecho de Dios para decidir acerca de lo que es de Él y para disponer de ello: *"...se postró en tierra y adoró, y dijo: Desnudo salí del vientre de mi madre, y desnudo volveré allá. Jehová dio, y Jehová quitó; sea el nombre de Jehová bendito."* (Job 1:20–21 RVR 1960).

Esta fue la manera inicial en que reaccionó Job. Por supuesto que esto agradó mucho a Dios. Y un poco después, en otra ocasión en que Satanás volvió a presentarse delante de Dios, el Señor le dijo que todo el mal que hizo venir sobre Job no había conseguido hacerle perder su integridad y su rectitud (Job 2:3). Y Satanás contestó a Dios: *"...todo lo que el hombre tiene dará por su vida. Pero extiende ahora tu mano, y toca su hueso y su carne, y verás si no blasfema contra ti en tu misma presencia."* (Job 2:4–5 RVR 1960). Entonces Dios decidió poner a prueba a Job por segunda ocasión para que se hiciera manifiesto y evidente lo que había en el corazón de Su siervo, y para que se hiciera visible la verdad. Por lo anterior, el Señor dio permiso a Satanás para que tuviera acceso a Job nuevamente: *"Y Jehová dijo a Satán: He aquí, él está en tu mano; mas guarda su vida." (Job 2:6 RVR 1909).* Esta segunda prueba, sumada a lo que ya había padecido con la primera prueba, más la presión de sus amigos para que se declarara culpable y reconociera sus supuestos pecados, provocó que Job se precipitara a suponer y a concluir las cosas equivocadas resumidas arriba, creyendo que sabía lo que Dios estaba haciendo en su vida, y por qué y para qué lo estaba haciendo, errando garrafalmente.

Dicho sea de paso, esta situación que se nos narra en el libro de Job, en la que Satanás presentó esa maliciosa acusación en contra de Job, no es un caso aislado. Eso lo hace Satanás continuamente en contra de usted, amigo lector, en contra mía, y de todos los siervos de Dios: *"Entonces oí una gran voz en el cielo, que decía: Ahora ha venido la salvación, el poder, y el reino de nuestro Dios, y la autoridad de su Cristo; porque ha sido lanzado fuera el acusador de nuestros hermanos, el que los acusaba delante de nuestro Dios día y noche." (Apocalipsis 12:10 RVR 1960).* (Vea además: Zacarías 3:1).

En los capítulos 38 y 39 del libro de Job podemos leer lo que Dios expresó a Job cuando lo reprendió, por imaginarse equivocadamente cosas falsas y por creer que sus pensamientos podían estar a la altura de los pensamientos de Dios. El Señor le hizo saber que carecía de sabiduría y de inteligencia para entender lo que Él hace, y las razones y los propósitos por los que hace lo que hace. Dios declaró a Job que así como no sabe nada acerca de las grandes obras que Él hizo en Su creación, y que así como tampoco puede igualar las maravillosas obras que Él hace, de la misma manera tampoco tiene ni la más remota idea acerca de lo que Él se propone hacer, ni de las razones que tiene para hacerlo.

Además, Dios reprendió a Job también por haber contendido y disputado con Él: *"¿Es sabiduría contender con el Omnipotente? ¡Responda a esto el que disputa con Dios!" (Job 40:2 RVR95),* y Job reconoció su error: *"Entonces respondió Job a Jehová y dijo: Yo soy vil, ¿qué te responderé? ¡Me tapo la boca con la mano! Una vez hablé, mas no replicaré más; aun dos veces, mas no volveré a hablar" (Job 40:3–5 RVR95).*

Y continuó Dios reprendiendo a Job todavía más, a lo largo de los capítulos 40 y 41 del mismo libro de Job. Le hizo ahora el siguiente reclamo: *"Respondió Jehová a Job desde el torbellino y dijo: Ahora cíñete la cintura como un hombre: yo te preguntaré y tú me contestarás. ¿Invalidarás tú también mi juicio? ¿Me condenarás a mí, para justificarte tú? (Job 40:6–8 RVR95).* Una vez más Job reconoció su culpa delante de Dios: *"Respondió Job a Jehová y dijo: Yo reconozco que todo lo puedes y que no hay pensamiento que te sea oculto. ¿Quién es el que, falto de entendimiento, oscurece el consejo? Así hablaba yo, y nada entendía; eran cosas demasiado maravillosas para mí, que yo no comprendía" (Job 42:1–3 RVR95).* Job reconoció que es Dios quien sabe las cosas y no él: *"Oye te ruego, y hablaré; te preguntaré, y tú me enseñarás" (Job 42:4 RVR 1909).* Y se arrepintió Job de los pensamientos que tuvo y de las palabras que habló a sus amigos: *"Por eso me aborrezco y me arrepiento en polvo y ceniza" (Job 42:6 RVR95).* Y Dios aceptó el arrepentimiento y la disculpa de Job, lo cual se hace evidente al observar la manera en que Dios cambia el tono en el que habla; al pasar ahora a hablar acerca de Job ante sus amigos, quienes lo habían acusado equivocadamente: *"Aconteció que después que habló Jehová estas palabras a Job, Jehová dijo a Elifaz, el temanita: Mi ira se ha encendido contra ti y tus dos compañeros, porque no habéis hablado de mí lo recto, como mi siervo Job. Ahora, pues, tomad siete becerros y siete carneros, id a mi siervo Job y ofreced holocausto por vosotros. Mi siervo Job orará por vosotros y yo de cierto lo atenderé para no trataros con afrenta por no haber hablado de mí con rectitud, como mi siervo Job. Fueron, pues, Elifaz, el temanita, Bildad, el suhita, y Zofar, el naamatita, e hicieron como Jehová les había dicho. Y Jehová aceptó la oración de Job" (Job 42:7–9 RVR95).*

Entonces, como hemos visto, es posible que en ocasiones nos podamos ver tentados, al igual que Job, a creer que sabemos lo que Dios está haciendo acerca de algún asunto en particular, en nuestras vidas, en las vidas de los que están a nuestro alrededor, o acerca de alguna otra cuestión. Pero si Dios no nos lo ha mostrado o revelado, a través de Su Palabra, o de alguna manera como Él sabe hacerlo (Nehemías 7:5, Salmo 16:7, Joel 2:28–29, Mateo 2:12–14, Lucas 2:25–26, Hechos 9:10–15, etc.), podríamos incurrir en un grave error si creemos saber lo que hay en la mente de Dios.

1.7 Los demás no siempre entienden lo que Dios está haciendo en nuestras vidas

Como vimos en la sección anterior, Dios tiene maneras de comunicarse con Sus hijos, de influir sobre ellos y guiarlos a hacer Su voluntad. A Noé lo instruyó y lo guió a construir un arca (Génesis 6:13–16); a Abraham lo hizo dejar su lugar de residencia en Ur de los caldeos para ir a vivir a una nueva tierra que no conocía (Génesis 12:1); a Isaac lo condujo a la tierra de Gerar cuando hubo hambre en la tierra de Canaán, y le dio instrucción clara de no ir a Egipto (Génesis 26:1–3); a Felipe le ordenó ir por el camino que iba de Jerusalén a Gaza para encontrarse con el eunuco etíope (Hechos 8:26–29); a Pablo le fue prohibido por el Espíritu de Dios predicar el evangelio en Asia y en Bitinia, guiándolo a él y a su equipo de trabajo más bien a Macedonia (Hechos 16:6–10). Y también hay evidencia en la Biblia de que Dios mueve no sólo a Sus siervos a hacer Su voluntad, sino que también mueve a los que no lo son: *"Así dice Ciro, rey de los persas: Jehová, el Dios de los cielos, me ha dado todos los reinos de la tierra, y me ha mandado que le edifique Casa en Jerusalén, que está en Judá...* (2 Crónicas 36:23 RVR95). Y sabemos que aunque Ciro obedeció esta orden que le dio el Señor, no era siervo de Dios. Así lo dijo el mismo Señor a través del profeta Isaías: *"Así dice Jehová a su ungido, a Ciro, al cual tomé yo por su mano derecha para sujetar naciones delante de él y desatar lomos de reyes; para abrir puertas delante de él, puertas que no se cerrarán... Por amor de mi siervo Jacob, de Israel, mi escogido, te llamé por tu nombre; te puse un nombre insigne, aunque no me has conocido"* (Isaías 45:1,4 RVR95).

Otro que recibió instrucciones y dirección de Dios cuando aún no era siervo del Señor fue Cornelio (Hechos 10:1–48).

En tiempos antiguos, cuando todavía no se había terminado de escribir la Biblia como la tenemos hoy, ni había venido el Espíritu de Dios a morar en los corazones de los Suyos, Dios se comunicaba con Sus siervos más directamente, mediante sueños, profetas, o con voz audible. Ahora que tenemos las Escrituras completas, y que el Espíritu Santo ha venido a morar en Sus hijos, Dios se sigue comunicando con los Suyos también de una manera muy efectiva. El Espíritu de Dios toma las Escrituras, y trae a nuestras mentes y a nuestros corazones cosas magníficas, en nuestra lectura personal diaria, al escuchar el sermón en el templo, al meditar en Su Palabra mientras conducimos nuestro automóvil o al bañarnos, al ver la necesidad de los pobres o de los que están en camino de perdición, etc. Y no sólo nos muestra cosas importantes, sino que nos guía a hacer Su voluntad. Este es el pacto que Dios hizo con nosotros Sus hijos, los que habríamos de vivir en este tiempo, después de la venida del Espíritu de Dios en el día del Pentecostés: *"Pero este es el pacto que haré con la casa de Israel después de aquellos días, dice Jehová: Daré mi ley en su mente, y la escribiré en su corazón; y yo seré a ellos por Dios, y ellos me serán por pueblo"* (Jeremías 31:33 RVR 1960).

Pero cuando Dios muestra Su voluntad a uno de Sus siervos, y cuando dicho siervo se dispone a obedecer las instrucciones del Señor, es muy común que se tope con la incomprensión de sus familiares, vecinos, amigos y conocidos. Llega a suceder que este siervo es visto por los que están a su alrededor como un loco o como alguien que perdió la razón. Este fue el caso de Lot, cuando Dios le dio instrucciones para abandonar la ciudad de Sodoma: *"Entonces salió Lot, y habló a sus yernos, los que habían de tomar sus hijas, y les dijo: Levantaos, salid de este lugar; porque Jehová va a destruir esta ciudad. Mas pareció a sus yernos como que se burlaba"* (Génesis 19:14 RVR 1909). Aun al Señor Jesús le sucedió; cuando empezó a presidir reuniones multitudinarias, Su madre y Sus hermanos intentaron prenderle y llevarlo a casa: *"Cuando lo oyeron los suyos, vinieron para prenderle; porque decían: Está fuera de sí." (Marcos 3:21 RVR 1960).* Esto se explica con mayor detalle un poco más adelante en el texto bíblico (Marcos 3:31–35).

Un ejemplo muy ilustrativo acerca de lo que estamos discutiendo es el de María, la madre del Señor Jesús. El evangelio de Lucas nos narra la experiencia vivida por María en cuanto al nacimiento virginal del Señor (Lucas 1:26–38), mientras que el evangelio de Mateo nos narra la experiencia vivida por José en lo referente al mismo maravilloso suceso (Mateo 1:18–25). Lucas nos dice que el ángel Gabriel fue enviado por Dios a informar a una joven israelita llamada María acerca de Su propósito de que Su Hijo Jesucristo viniera a este mundo (Lucas 1:26–27), y que ella había sido escogida por Dios para ser el instrumento mediante el cual el Señor Jesús se encarnaría. Cuando el ángel Gabriel habló con ella, su salutación, y seguramente también su presencia, la turbaron (Lucas 1:28–29). Entonces el ángel, después de invitarla a no tener temor (Lucas 1:30), pasó a explicarle el plan de Dios y la participación de ella en dicho plan (Lucas 1:31–33). En seguida, María le pidió más información al ángel Gabriel, ya que eso le parecía muy extraño: *"Entonces María dijo al ángel: ¿Cómo será esto? porque no conozco varón." (Lucas 1:34 RVR 1909).* Y Gabriel le explicó con mayor detalle, lo cual quizás no hubiera hecho si ella no hubiera preguntado: *"Respondiendo el ángel, le dijo: El Espíritu Santo vendrá sobre ti, y el poder del Altísimo te cubrirá con su sombra; por lo cual también el Santo Ser que nacerá, será llamado Hijo de Dios." (Lucas 1:35 RVR 1960).* Y como nota adicional, Gabriel informó a María acerca del asombroso y milagroso embarazo de su parienta Elizabet, la cual a pesar de haber sido estéril toda su vida, y todavía más, a pesar de ser ya de edad avanzada, había concebido y estaba en el sexto mes de su embarazo. Esto, como una manera de probarle a María que para Dios no era imposible hacerla concebir un bebé siendo ella virgen (Lucas 1:36–37). Ante argumentos tan convincentes, presentados por el ángel Gabriel, María expresó su aprobación: *"Entonces María dijo: He aquí la sierva del Señor; hágase conmigo conforme a tu palabra. Y el ángel se fue de su presencia." (Lucas 1:38 RVR 1960).*

Muy pronto José se enteró de que su prometida estaba embarazada, y sabía ciertísimamente que él no era el padre, así es que procuró romper su compromiso con María y retirarse de ella en secreto, para no perjudicarla más ante los familiares de ella, amistades, vecinos y conocidos, quienes seguramente también se habrían enterado ya de que estaba embarazada, o estarían a punto de enterarse: *"... Estando comprometida María, su madre, con José, antes que vivieran juntos se halló que había concebido del Espíritu Santo. José, su marido, como era justo y no quería infamarla, quiso dejarla secretamente"* (Mateo 1:18–19 RVR95). Lo anterior probablemente significa que José estaba pensando irse a vivir a otra ciudad de Israel, o quizás fuera de Israel, donde nadie lo conociera y donde pudiera vivir el resto de su vida sin volver a verla y sin tener que responsabilizarse de un hijo que, según creía, habría sido engendrado en fornicación. Si José hubiera llevado a cabo ese plan, habría dado lugar a que todos los familiares de María, y también los suyos, y todos los conocidos de ambos, creyeran que José habría sido el padre, pero que no quiso responsabilizarse ni de María ni del niño, de manera que el no infamar a María le habría costado a José asumir la culpa de un pecado que no cometió. José seguramente estaba consciente de lo caro que le costaría no infamar a María. Esto último nos permite ver la nobleza de espíritu de José, su amor por María aun en medio de esta situación, y su temor de Dios.

Es posible que María hubiera comentado a sus padres, familiares y conocidos, acerca de la visita que le hizo el ángel Gabriel y de lo que le dijo, aunque no podemos asegurarlo ya que el texto bíblico no lo dice. Si hubiera hablado de ello, lo más probable es que la mayoría no le hubiera creído. No era fácil que alguien creyera que el bebé que esperaba había sido engendrado por el Espíritu Santo. Sin embargo, como vimos hace un momento, la Biblia sí nos habla de la manera en que reaccionó José cuando se enteró de esto: no le creyó inicialmente. Seguramente habría sido la misma forma en que hubiera reaccionado cualquier hombre, si descubre que su prometida está embarazada, y ella le dice que el bebé que espera fue engendrado por el Espíritu Santo. Siendo José el futuro marido de María, también fue considerado por Dios para participar junto con ella en el mismo maravilloso proyecto del nacimiento virginal del Señor Jesús, el cual había sido profetizado con anterioridad por el profeta Isaías: *"...He aquí la virgen concebirá, y dará a luz un hijo, y llamará su nombre Emanuel"* (que significa: Dios con nosotros) *(Isaías 7:14 RVR 1960)*. De manera que el Señor también tuvo cuidado de informar a José acerca de Sus planes y de este importante proyecto en el que estaba participando su prometida: *"Pensando él en esto* (en dejarla), *un ángel del Señor se le apareció en sueños y le dijo: José, hijo de David, no temas recibir a María tu mujer, porque lo que en ella es engendrado, del Espíritu Santo es. Dará a luz un hijo, y le pondrás por nombre Jesús* (que significa Salvador), *porque él salvará a su pueblo de sus pecados"* *(Mateo 1:20–21 RVR95)*. Dios tuvo cuidado de evitar que el matrimonio de María quedara sin consumarse; el Señor no quería arruinar la vida de María por causa de su participación en este gran servicio a Él, pero sí requería que ella diera un enorme paso de fe, y que estuviera dispuesta a confiar en Él y a sufrir cualquier cosa, si fuera necesario, con el propósito de servirle y de hacer la voluntad de Él en su vida.

De cualquier manera, el nacimiento virginal del Señor Jesús seguramente habría traído algunos problemas a la vida de María. Tal parece que el ángel del Señor sólo informó a María y a José, y no a los demás familiares y conocidos. De haber sido esto así, los demás familiares y amistades de ambos se habrían visto tentados a pensar mal. Aunque María ya estaba desposada con José, la familia de ella todavía no la había entregado a José para que vivieran juntos en una vida matrimonial normal (Mateo 1:18). De manera que el hecho de que resultara embarazada antes de vivir con José daba una mala imagen de ambos ante sus vecinos y familiares.

Otra cosa interesante que podemos notar que sucedió unos años después de lo anterior, es que habiendo vivido María en el pasado la experiencia de la posibilidad de ser incomprendida por los que estaban a su alrededor en los años de su juventud, cuando se disponía a servir a Dios, más adelante sería ella la que no comprendería a su Hijo, el Señor Jesús. Esto sucedió cuando Él se disponía a obedecer y a servir a Su Padre Celestial, queriendo ella ir a prenderle para que dejara lo que estaba haciendo y que se fuera a casa, pensando que estaba fuera de Sí (Marcos 3:21, 31–35). Esto sería un reflejo de nuestra humana debilidad, y nos permitiría ver que por lo general, los siervos de Dios que se disponen a obedecer una visión celestial, con frecuencia tendrán que sufrir y batallar por la incomprensión de sus seres queridos y amigos.

Es todo un reto para el cristiano a quien Dios ha puesto en su corazón y le ha mostrado que desea de él la realización de un servicio específico, disponerse a obedecerle en medio de una multitud de gentes que lo observan y que no entienden lo que hace. Cuando los que están a su alrededor le preguntan por qué o para qué hace lo que está haciendo, es probable que al siervo de Dios le resulte difícil explicarles, y cuando lo hace, no le creen. Muchos no aprueban lo que hace, y entre los que sí lo aprueban, unos opinan una cosa y otros, otra diferente. Unos le dan ciertos consejos o sugerencias y otros le ofrecen otros distintos, para que los incorpore a su plan de acción y lo mejore. Y luego lo observan para ver si atendió sus consejos y modificó su plan, trazado de acuerdo a lo que él entiende que Dios le mostró que debía hacer. Cuando los que observan al siervo de Dios ven que no modificó su plan de acción siguiendo sus recomendaciones, muchos de ellos se ofenden y se enojan. Sin embargo, aunque el cristiano quisiera hacerles caso y tomar en cuenta las recomendaciones de todos, no podría, ya que los consejos de unos son diferentes e incluso se oponen a los consejos de otros. Además de que el siervo de Dios no habría querido modificar su plan, ya que procuraría obedecer la visión que Dios le mostró de la manera más exacta y cuidadosa posible, sin apartarse ni a derecha ni a izquierda de lo que entiende que es la voluntad de Dios.

A nosotros, como siervos de Dios, aun cuando el Señor no nos comunique sus planes y el servicio que desea de nosotros mediante la visita de un ángel, o a través de un sueño, de todos modos nos hace saber mediante Su Santo Espíritu cuando desea que le sirvamos de una u otra manera. Y Dios se comunica con nosotros, aún el día de hoy, de forma muy efectiva, de manera que a Sus siervos nos quede bastante claro cuando Él nos está pidiendo que le sirvamos o que hagamos algo en especial en favor de Su obra. El Señor Jesús dijo: *"Mis ovejas oyen mi voz, y yo las conozco, y me siguen" (Juan 10:27 RVR 1909).* Es necesario que los siervos de Dios obedezcan a su Señor y que le ofrezcan exactamente lo que entienden que espera de ellos, y que no modifiquen sus planes de servicio por la presión ejercida por los que están a su alrededor, que no siempre creen, o que no siempre entienden la visión que Dios ha mostrado a sus siervos.

1.8 La parte que nos corresponde dentro del plan de Dios

Dios nos ha dado maravillosas promesas: *"...nos ha dado preciosas y grandísimas promesas, para que por ellas llegaseis a ser participantes de la naturaleza divina..." (2 Pedro 1:4 RVR 1960).* Pero estas promesas de bendición no son para todos. El apóstol Pedro nos dice un poco antes del texto anterior que lo que está escribiendo va dirigido exclusivamente a los cristianos: *"Simón Pedro, siervo y apóstol de Jesucristo, a los que habéis alcanzado, por la justicia de nuestro Dios y Salvador Jesucristo, una fe igualmente preciosa que la nuestra..." (2 Pedro 1:1 RVR 1960).* Por supuesto que también encontramos en la Biblia promesas de castigo para los que menosprecian a Dios, como por ejemplo la siguiente: *"Porque he aquí, los que se alejan de ti perecerán; tú destruirás a todo aquel que de ti se aparta" (Salmo 73:27 RVR 1960).* Cuando leemos la Palabra de Dios, nos vamos encontrando promesa tras promesa, y el Espíritu de Dios habla a nuestra mente y a nuestro corazón y nos hace entender cuáles de estas promesas son para nosotros y cuáles no lo son.

Consideremos el caso de David, quien se encargaba de cuidar las ovejas de su padre. Dios le prometió que llegaría a ser el nuevo rey de Israel. David recibió esta promesa a través del profeta Samuel; Dios ordenó al profeta que lo buscara y que se lo informara personalmente, y que lo ungiera con aceite, lo cual era un símbolo que significaba que él había sido designado por Dios para ser el nuevo rey. Esto se llevó a cabo en presencia de su familia y de otras personas de su pueblo natal Belén de Judea, quienes serían testigos (1 Samuel 16:1, 4, 5, 13). Por supuesto, la Biblia como la tenemos hoy, no se había terminado de escribir todavía. En el tiempo en que vivió David, hace alrededor de tres mil años, sólo se había escrito una pequeña porción del texto bíblico. Puesto que en aquel tiempo no se tenían las Escrituras como las tenemos hoy, Dios hablaba más a Sus siervos a través de sueños, visiones, profetas, e incluso con una voz audible, a diferencia de como se comunica normalmente con nosotros el día de hoy, ya que ahora tenemos la Palabra de Dios completa en la Biblia.

En cierto momento de su vida David escribió lo siguiente, en Palabra del Señor: *"Jehová cumplirá su propósito en mí..."*, e inmediatamente después afirma: *"...tu misericordia, oh Jehová, es para siempre..."* y en seguida ruega por ello: *"...no desampares la obra de tus manos" (Salmo 138:8 RVR 1960)*. El ser rey de Israel pasó a ser uno de los propósitos de Dios más importantes para la vida de David, y muy probablemente el más importante. De hecho, en el texto que acabamos de considerar, David habla en singular, refiriéndose a un propósito y no a varios. Y llegar a ser rey no era un fin en sí mismo, es decir, no era un regalo de Dios para que David simplemente fuera rico y feliz, y para que gozara de la vida más que el resto de los seres humanos; sino que el ser rey tendría como propósito permitirle tener las condiciones necesarias para realizar ciertas tareas de servicio que Dios esperaba que fueran llevadas a cabo por alguien. Entonces, cuando David dice: *"Jehová cumplirá su propósito en mí..."*, lo más probable es que se esté refiriendo a la promesa que Dios le dio de que sería rey, lo cual le permitiría servirle de una manera especial mediante ese cargo. La afirmación de David: *"Jehová cumplirá su propósito en mí..."*, está gramaticalmente en tiempo futuro, por lo que es de esperarse que en el momento en que él expresó lo anterior, no hubiera tenido claro en su mente todos los detalles de lo que habría de ser, y de cómo y cuándo se llevaría a cabo dicho propósito de Dios para su vida. De cualquier manera, aunque

David habría tenido una buena medida de incertidumbre acerca de muchos de los detalles, sabía que Dios sí tenía bien definido todo lo que traería a su vida y que a su debido tiempo lo cumpliría de acuerdo a lo que le había prometido. David estaba seguro de que la promesa de Dios para él era firme y que no estaba sujeta a volubilidad ni a vientos de cambio, y lo expresa diciendo: *"...tu misericordia, oh Jehová, es para siempre..."*. Y aunque David tenía tal seguridad, aun así ora por ello diciendo: *"...no desampares la obra de tus manos".*

Para nosotros que vivimos tres mil años después de David, al leer en la Biblia lo que se nos narra acerca de él, no sólo en el Antiguo Testamento sino también en el Nuevo, podemos conocer con más facilidad cuál fue el propósito de Dios para su vida: Ser un líder del pueblo de Israel que promoviera que la nación anduviera en los caminos del Señor; que estuviera al frente del pueblo para dirigir la defensa del país ante los ataques de sus enemigos; que de sus experiencias nosotros podamos aprender siguiendo su ejemplo en cuanto a las cualidades de rectitud, honestidad, sencillez, humildad, etc. con que debe comportarse un líder cristiano; cómo debe conducirse un líder, cómo debe pensar, reaccionar, actuar, e influir sobre los demás, para agradar a Dios y para poder servirle, tanto a Él como a Su pueblo. David estaba consciente de las grandes expectativas que Dios tenía de él, y escribió: *"...El que anduviere en el camino de la perfección, éste me servirá" (Salmo 101:6 RVR 1909).* También era parte del propósito de Dios que el ejemplo de David trascendiera su tiempo y su lugar geográfico para dar enseñanza a todo el mundo, aun hoy y en tiempos futuros. Ciertamente David cometió algunos pecados graves, de los cuales se arrepintió y pidió perdón a Dios (Salmo 51:1-4); y el Señor lo perdonó (Salmo 32:5). La Biblia menciona que David fue un varón conforme al corazón de Dios (1 Samuel 13:14, Hechos 13:22).

Dios escogió a David para que fuera rey sobre Israel, pero desde el momento en que le fue dada dicha promesa mediante el ungimiento que recibió del profeta Samuel, hasta que esto vino a materializarse, transcurrió un largo período de tiempo y hubo muchos obstáculos que amenazaron el cumplimiento del propósito de Dios. Puesto que el ungimiento de David como nuevo rey fue algo de lo que toda la nación se enteró, obviamente dicha noticia llegó también a oídos del rey en turno, Saúl, quien no aceptó el designio de Dios y trató de impedir que la decisión del Señor se llevara a efecto, poniendo sus intereses personales y familiares antes que los intereses de Dios. Anteriormente, el Señor mismo había constituido a Saúl como rey de Israel (1 Samuel 9:15–17), pero puesto que Saúl no estuvo a la altura de las expectativas de Dios, el Señor determinó quitarlo del cargo y poner otro rey en su lugar. Saúl aceptó con gusto el designio de Dios cuando dispuso ponerlo por rey, pero no aceptó ni se sometió a Dios cuando decidió quitarlo. Saúl se propuso continuar en el trono y nunca entregarlo al Señor, y que Jonatán su hijo reinara en su lugar después de él; no le importaba que Dios hubiera decidido algo diferente. Por su parte, su hijo Jonatán sí estaba dispuesto a someterse a Dios, lo cual le ocasionó fuertes fricciones con su padre: *"Entonces se encendió la ira de Saúl contra Jonatán, y le dijo: Hijo de la perversa y rebelde, ¿acaso no sé yo que tú has elegido al hijo de Isaí para vergüenza tuya y vergüenza de la madre que te dio a luz? Porque todo el tiempo que el hijo de Isaí viva sobre la tierra, ni tú ni tu reino estarán firmes. Así que manda ahora a buscarlo y tráemelo, porque ha de morir"* (1 Samuel 20:30–31 RVR95).

Ante estos hechos, David se encontró de pronto en una situación en la que debía tomar decisiones. ¿Qué era lo que debía hacer ante tales amenazas? ¿Debía cruzarse de brazos y no hacer nada, confiando en que Dios le había hecho una promesa, y solamente esperar su cumplimento? ¿O debería poner de su parte y hacer algo? Y si debía hacer algo, ¿cómo saber qué es lo que debería hacer?

De la misma manera, el día de hoy el siervo de Dios, dentro de una gama de situaciones muy diversas, se topa con las mismas preguntas. Cuando Dios está trabajando para que Su voluntad sea hecha en nuestras vidas, mientras tanto ¿qué debe hacer el cristiano? ¿Deberá tomar una actitud pasiva y no hacer nada, solamente esperando que Dios lleve a cabo lo que ha prometido que hará? ¿O deberá hacer algo? Y si debe hacer algo ¿qué es lo que debe hacer? La respuesta a estas preguntas varía dependiendo del caso que se presente y de las circunstancias, como veremos en seguida.

En algunos casos no hay que hacer nada, sino solamente esperar, como dice la Escritura: *"Estad quietos, y conoced que yo soy Dios..."* *(Salmo 46:10 RVR 1909).* También Dios Padre dice a Dios Hijo, Jesucristo, en palabras de David: *"Jehová dijo a mi Señor: Siéntate a mi diestra, hasta que ponga a tus enemigos por estrado de tus pies" (Salmo 110:1 RVR95).* Es decir, no hagas nada, sólo espera a que Yo haga las cosas por Ti.

Pero en otras ocasiones sí es de esperarse que el cristiano haga algo mientras Dios hace Su obra. Un ejemplo de esto es cuando el pueblo de Israel iba a cruzar el Mar Rojo. Moisés se puso a orar: *"Entonces Jehová dijo a Moisés: ¿Por qué clamas a mí? Di a los hijos de Israel que marchen. Y tú alza tu vara, y extiende tu mano sobre el mar, y divídelo, y entren los hijos de Israel por en medio del mar, en seco. (Éxodo 14:15–16 RVR 1960).* Por supuesto, no serían sólo Moisés y el pueblo de Israel los que estarían haciendo algo; Dios estaría haciendo Su parte mientras tanto, ya que en seguida de lo anterior dice: *"Y he aquí, yo endureceré el corazón de los egipcios para que los sigan; y yo me glorificaré en Faraón y en todo su ejército, en sus carros y en su caballería..."* *(Éxodo 14:17 RVR 1960).*

Volviendo al caso de David, mientras esperaba el cumplimiento de la promesa que le fue dada por medio del profeta Samuel, y ante las amenazas del rey Saúl, David en parte actuó y en parte esperó sin hacer nada. Actuó en cuanto a que salió de su casa y del ambiente en el que se movía regularmente (1 Samuel 19:10–12); no se quedó esperando pasivamente el cumplimiento de la promesa en el confort de su hogar, sino que fue diligente en poner de su parte para escapar y ocultarse. Sin embargo, en otro aspecto, David no hizo nada, porque Dios lo probó dándole la oportunidad de matar a Saúl, pero David decidió no hacerlo (1 Samuel 26:8, 10, 11, 15, 16, 22, 23). El sentido común le indicó que si fue Dios quien puso a Saúl como rey, le correspondería también a Dios quitarlo, y no a él. También usando el sentido común, David pensó que puesto que la promesa de que él reemplazaría a

Saúl en el trono era verdadera y que finalmente se cumpliría, que entonces no era necesario ni correcto que él tomara el trono mediante sus propias fuerzas; es decir, dando un golpe de estado, sino que le correspondería al mismo Señor entregarle el reino en sus manos así como se lo había entregado antes a Saúl. Por lo tanto, decidió no enfrentar a Saúl militarmente, sino sólo escapar y ocultarse hasta que Dios hiciera las cosas por él, las cosas necesarias que permitirían el cumplimiento de Su promesa. David tuvo que decidir en qué aspecto debía actuar y en qué aspecto no.

Pero en nuestro caso el día de hoy, ¿cómo aplicar esta enseñanza a nuestras vidas? ¿Cómo saber si en una ocasión particular debemos hacer algo, o si simplemente debemos esperar a que Dios haga las cosas por nosotros sin nuestra intervención? Y si debemos hacer algo ¿cómo saber qué es lo que debemos hacer?

Bueno, en primer lugar hay que orar. Si contamos con tiempo suficiente podemos dedicar algo de tiempo para estar en oración, estando a la expectativa de lo que Dios nos muestre, y qué es lo que Él trae a nuestra mente y a nuestro corazón; y si quizás Dios quiera hacer algún cambio en las circunstancias que nos rodean. Sin embargo, no siempre tenemos suficiente tiempo para poner nuestra necesidad en oración por un período largo. En ese caso, aunque haya que actuar de inmediato, de todos modos es necesario orar, aunque sea una oración muy rápida. Podemos ver un ejemplo de esto en la experiencia de Nehemías, cuando el rey Artajerjes le hizo una pregunta, y esperaba una respuesta inmediata: *"Me dijo el rey: ¿Qué cosa pides? Entonces oré al Dios de los cielos, y dije al rey: Si le place al rey, y tu siervo ha hallado gracia delante de ti, envíame a Judá, a la ciudad de los sepulcros de mis padres, y la reedificaré."* (Nehemías 2:4–5 RVR 1960).

En segundo lugar, pero no menos importante que el primero, hay que escudriñar la Palabra de Dios para ver si podemos encontrar alguna situación similar a la nuestra; si quizás alguno de los personajes bíblicos vivió una situación parecida, y si podemos encontrar alguna, ver qué lógica utilizó y cómo reaccionó ante tal situación. O quizás podamos encontrar que la Biblia habla, no mediante el ejemplo de un personaje bíblico, sino directamente acerca de una situación como la nuestra, y nos brinde alguna directriz o un mandamiento claro acerca de ello. Como no siempre tenemos el tiempo suficiente para ponernos a escudriñar las Escrituras buscando información sobre el asunto que nos ocupa, es importante estar empapados de ellas conociéndolas muy bien de antemano. Un ejemplo de los dos consejos recién explicados, combinados en una sola situación lo podemos ver en lo que sucedió cuando los apóstoles, por iniciativa de Pedro, nombraron a alguien que tomara el lugar que dejó Judas tras su traición y muerte. Pedro conocía muy bien las Escrituras, y se basó en ellas para proponer a los demás apóstoles lo que se debía hacer. Dijo Pedro: *"Porque está escrito en el libro de los Salmos: Sea hecha desierta su habitación, y no haya quien more en ella; y: Tome otro su oficio" (Hechos 1:20 RVR 1960)*. Los demás apóstoles estuvieron de acuerdo con él, y haciendo una oración pasaron a tomar su decisión: *"Y orando, dijeron: Tú, Señor, que conoces los corazones de todos, muestra cuál escoges de estos dos, para que tome el oficio de este ministerio y apostolado, del cual cayó Judas por transgresión, para irse a su lugar. Y les echaron suertes, y cayó la suerte sobre Matías; y fue contado con los once apóstoles" (Hechos 1:24–26 RVR 1909)*.

La Palabra de Dios nos enseña muchos criterios que debemos utilizar para saber qué hacer en situaciones determinadas. Por ejemplo, vemos en la Biblia un criterio que nos enseña a no actuar para hacer mal: *"No paguéis a nadie mal por mal..." (Romanos 12:17 RVR 1909)*. Además de instruirnos acerca de qué hacer si tal situación se nos presenta, una reflexión sencilla acerca de estas palabras nos lleva a entender que si no debemos pagar con un mal cuando alguien nos ha hecho mal, mucho menos debemos pagar con un mal a quien nos ha hecho un bien. Y podemos comprobar que nuestro razonamiento fue correcto al encontrarlo en forma explícita en otro pasaje bíblico: *"El que da mal por bien, no se apartará el mal de su casa" (Proverbios 17:13 RVR 1909)*. Por supuesto que nuestro razonamiento fue bastante sencillo y el pasaje de la Epístola a los Romanos, capítulo 12, habría sido suficiente para que supiéramos qué hacer en ese caso. Así es que si se nos presenta esa situación, ya sabemos lo que la Palabra de

Dios nos enseña al respecto: no debemos actuar para hacerle mal a nadie en ningún caso. Otro criterio de Dios que va en la misma dirección: *"No os venguéis vosotros mismos, amados míos, sino dejad lugar a la ira de Dios; porque está escrito: Mía es la venganza, yo pagaré, dice el Señor. (Romanos 12:19 RVR 1960),* (vea además: Deuteronomio 32:35, Hebreos 10:30). Eso nos permite saber que si alguien nos hizo un daño, no debemos actuar para hacerle mal, sino dejar la acción a Dios: la venganza y nuestra reivindicación. Y en todo caso, si hemos de hacer algo, encontramos otro criterio que nos enseña a pagar su mal con un bien: *"...vence con el bien el mal" (Romanos 12:21 RVR 1909).* Otro criterio más que podemos considerar como ejemplo es lo que nos enseña la Palabra de Dios mediante el ejemplo de David, que cuando él era amenazado a nivel personal, no actuaba para defenderse (2 Samuel 15:12–18). Pero cuando su familia o la nación eran amenazadas, sí actuaba para defenderlas con todo valor y decisión (1 Samuel 30:1– 19, 2 Samuel 10:1–19). Sin duda este es un criterio de Dios muy importante para saber qué hacer cuando nuestra persona, nuestra familia o nuestra nación son amenazadas. Así como estos, podemos encontrar en la Biblia muchos otros criterios de Dios que nos guían a saber qué hacer o cómo reaccionar ante situaciones determinadas. Es importante que los conozcamos muy bien de antemano para estar listos para aplicarlos en el momento apropiado.

También encontramos en la Palabra de Dios muchos casos en los que sí debemos actuar. Por ejemplo, el Señor dijo: *"Así que, todas las cosas que queráis que los hombres hagan con vosotros, así también haced vosotros con ellos; porque esto es la ley y los profetas" (Mateo 7:12 RVR 1960).* Otro ejemplo que podemos mencionar es el siguiente: *"Saliendo de allí, fue a la sinagoga de ellos. Y había allí uno que tenía seca una mano. Para poder acusar a Jesús, le preguntaron: ¿Está permitido sanar en sábado? Él les dijo: ¿Qué hombre entre vosotros, si tiene una oveja y esta se le cae en un hoyo, en sábado, no le echa mano y la saca? Pero, ¿cuánto más vale un hombre que una oveja? Por consiguiente, está permitido hacer el bien en sábado. Entonces dijo a aquel hombre: Extiende tu mano. Él la extendió y le fue restaurada sana como la otra"*

(Mateo 12:9-13 RVR95). Y así como estos, podemos encontrar en la Biblia muchos otros criterios de Dios que nos enseñan en qué tipo de situaciones sí podemos o debemos actuar y hacer algo.

Pero hay ocasiones en las que no es fácil decidir si debemos sólo esperar a que Dios actúe en nuestro favor sin que nosotros hagamos nada, o si debemos hacer algo; y si debemos actuar, necesitamos saber qué es lo que deberíamos hacer. Tenemos que tomar una decisión, pero no encontramos ningún criterio en la Biblia que nos marque una directriz para indicarnos qué hacer. Consultamos a hermanos que conocen la Palabra de Dios, pero tampoco ellos saben qué consejo darnos de acuerdo a los criterios bíblicos. Únicamente en esos casos, en oración, y puesto que no podemos utilizar la Palabra de Dios para guiarnos, debemos aplicar nuestro criterio y nuestro sentido común para hacer un juicio y distinguir entre lo bueno y lo malo, y escoger lo bueno, teniendo en mente nuestro objetivo claro de hacer lo que es recto y agradable delante de Dios: *"Hacer justicia y juicio es a Jehová más agradable que sacrificio."* *(Proverbios 21:3 RVR 1909)* (vea además: Salmo 106:30, Salmo 119:121, Proverbios 13:23). Recurriendo de nueva cuenta al ejemplo de David que hemos considerado vemos que él, utilizando su propio criterio, decidió correctamente qué hacer cuando Saúl lo perseguía para matarlo. Puesto que no parecía haber ningún mandamiento ni criterio de Dios en la ley de Moisés (la cual era probablemente toda la Escritura disponible en ese tiempo), que le indicara claramente qué debía hacer, entonces basándose en su juicio y en su sentido común decidió actuar huyendo y ocultándose de Saúl, para guardar y poner a salvo no sólo su vida, sino también la promesa y el propósito que Dios había depositado en sus manos, acerca de que él sería el nuevo rey, los cuales él debía salvaguardar aún más que su vida. También, como vimos arriba, utilizando su sentido común y su buen juicio, David determinó que si fue Dios quien puso a Saúl como rey, también le correspondería a Dios quitarlo para que pudiera cumplirse la promesa de que él sería el nuevo rey. Y en base a ese juicio decidió no actuar haciendo frente a las tropas de Saúl, ni tomar ninguna acción contra él, sino más bien sólo huir, ocultarse y esperar a que Dios hiciera las cosas en su favor. Otro ejemplo es el de Finees, el nieto del sumo sacerdote Aarón. La Biblia dice: *"Provocaron la ira de Dios con sus obras y se desarrolló la mortandad entre ellos. Entonces se levantó Finees e hizo juicio, y se detuvo la plaga. Y le fue contado por justicia de generación en generación y para siempre"* (Salmo 106:29-31 RVR95). (Para más detalles sobre esa situación vea: Números 25:6-8). Otro ejemplo más, de una situación que surgió en la iglesia de la ciudad de Corinto es el siguiente: *"Se ha sabido que hay entre vosotros fornicación, y fornicación cual ni aun se nombra entre los gentiles; a tal extremo que alguno tiene a la mujer de su padre. Y vosotros estáis envanecidos. ¿No debierais más bien lamentarlo y haber quitado de en medio de vosotros al que cometió tal acción? Ciertamente yo, como ausente en cuerpo pero presente en espíritu, como si estuviera presente he juzgado ya al que tal cosa ha hecho. En el nombre de nuestro Señor Jesucristo, reunidos vosotros y mi espíritu, con el poder de nuestro Señor Jesucristo, el tal sea entregado a Satanás para destrucción de la carne, a fin de que el espíritu sea salvo en el día del Señor Jesús"* (1 Corintios 5:1-5 RVR95). La Biblia enseña claramente que la fornicación y el adulterio son pecados que Dios abomina (1 Corintios 6:9-10, Proverbios 5:1-12, Proverbios 9:13-18). Pero no parece haber instrucciones claras en la Biblia, anteriores a la situación que estamos considerando, acerca de qué hacer o cómo disciplinar a un miembro de la congregación que anda en tal pecado. Los hermanos de la iglesia de Corinto estaban enterados acerca de lo que estaba haciendo ese miembro de la iglesia; sabían que era pecado pero no hacían nada al respecto. Pablo los amonesta, y por el tono con el que les habla parece estar muy disgustado; incluso acusa a los hermanos de dicha iglesia de estar envanecidos. En otras palabras les está diciendo que tienen un alto concepto de sí mismos, pero que eso no refleja la realidad, ya que no están haciendo lo correcto ante tal situación. Todo parece indicar que los hermanos de Corinto ni siquiera sabían qué hacer, si debían dejarle las cosas al Señor y no hacer nada, o si debían hacer algo, y de ser este el caso, necesitarían saber qué hacer; tal parece que no tenían ni la menor idea al respecto. Pablo estaba muy disgustado porque los hermanos no habían sido capaces de emitir un juicio correcto acerca

JOSUÉ TREVIÑO

de dicho asunto por sí mismos como iglesia, y se dispone a ser él quien emita un juicio acerca de lo que se debe hacer ante tal situación; y los exhorta a expulsar de la iglesia al que cometió tal acción.

Quiera el Señor que cuando la ocasión se presente, estemos en posibilidad de determinar con certeza y claridad qué debemos hacer en ese momento de necesidad; si debemos sólo esperar pasivamente sin hacer nada, hasta que Dios haga la obra en nuestro favor; o si debemos hacer algo mientras Dios actúa, y si ese es el caso, poder decidir correctamente qué hacer. Lo anterior, mediante la oración, el conocimiento y la aplicación de la Palabra de Dios, o utilizando el sentido común y nuestro juicio, con el propósito de hacer lo correcto y lo que agrada a Dios.

1.9   La queja de Etán Ezraíta

Etán Ezraíta fue un gran sabio de Israel que vivió en tiempos del rey David y del rey Salomón. Su sabiduría fue tan grande, que apenas fue superada por la sabiduría de Salomón: *"...fue mayor la sabiduría de Salomón que la de todos los orientales, y que toda la sabiduría de los egipcios. Y aun fue más sabio que todos los hombres, más que Etán Ezraíta..." (1 Reyes 4:30–31 RVR 1909).* Etán Ezraíta escribió el Salmo 89, en el cual presentó a Dios una queja muy grave: le dijo al Señor que, habiéndole hecho muy grandes promesas al rey David, luego no cumplió Su palabra.

Etán Ezraíta fue bastante atrevido al escribir estas palabras. Sin embargo, eso no es algo que disguste al Señor, por lo que no le contaría como pecado. No hubiera sido bueno que Etán Ezraíta sólo lo pensara en lo privado y que lo encapsulara en su mente y en su corazón. De cualquier manera, Dios conoce los pensamientos más íntimos que hay en nuestros corazones aun cuando no se los expresemos en oración. Qué mejor cosa puede haber que presentárselos con respeto, reverencia y sinceridad al Señor, ya que Él se agrada cuando Sus hijos se acercan a Él y le abren sus corazones para decirle lo que piensan, lo que sienten o lo que les preocupa. Etán Ezraíta presentó a Dios en la oración registrada en el Salmo 89 lo que a sus ojos era una grave contradicción, entre lo que el Señor le prometió a David en contraste con lo que finalmente le dio. Pasemos a analizar la queja de Etán Ezraíta registrada para nosotros en el Salmo 89.

Salmo 89

1. *Las misericordias de Jehová cantaré perpetuamente; de generación en generación haré notoria tu fidelidad con mi boca.*
2. *Dije: "Para siempre será edificada misericordia; en los cielos mismos afirmarás tu fidelidad".*
3. *Hice pacto con mi escogido; juré a David mi siervo, diciendo:*
4. *"Para siempre confirmaré tu descendencia y edificaré tu trono por todas las generaciones".*
5. *Celebrarán los cielos tus maravillas, Jehová, tu fidelidad también en la congregación de los santos,*
6. *porque ¿quién en los cielos se igualará a Jehová? ¿Quién será semejante a Jehová entre los hijos de los poderosos?*
7. *Dios temible en la gran congregación de los santos y formidable sobre todos cuantos están a su alrededor.*
8. *Jehová, Dios de los ejércitos, ¿quién como tú? Poderoso eres, Jehová, y tu fidelidad te rodea.*
9. *Tú tienes dominio sobre la braveza del mar; cuando se levantan sus olas, tú las sosiegas.*
10. *Tú quebrantaste a Rahab como a un herido de muerte; con tu brazo poderoso esparciste a tus enemigos.*
11. *Tuyos son los cielos, tuya también es la tierra; el mundo y su plenitud, tú lo fundaste.*
12. *El norte y el sur, tú los creaste; el Tabor y el Hermón cantarán en tu nombre.*
13. *Tuyo es el brazo potente; fuerte es tu mano, exaltada tu diestra.*

14. *Justicia y derecho son el cimiento de tu trono; misericordia y verdad van delante de tu rostro.*

15. *Bienaventurado el pueblo que sabe aclamarte; andará, Jehová, a la luz de tu rostro.*

16. *En tu nombre se alegrará todo el día y en tu justicia será enaltecido,*

17. *porque tú eres la gloria de su potencia y por tu buena voluntad acrecentarás nuestro poder.*

18. *Jehová es nuestro escudo; nuestro rey es el Santo de Israel.*

19. *Entonces hablaste en visión a tu santo y dijiste: "He puesto el socorro sobre uno que es poderoso; he exaltado a un escogido de mi pueblo.*

20. *Hallé a David mi siervo; lo ungí con mi santa unción.*

21. *Mi mano estará siempre con él; mi brazo también lo fortalecerá.*

22. *No lo sorprenderá el enemigo ni hijo perverso lo quebrantará;*

23. *sino que quebrantaré delante de él a sus enemigos y heriré a los que lo aborrecen.*

24. *Mi fidelidad y mi misericordia estarán con él y en mi nombre será exaltado su poder.*

25. *Asimismo pondré su mano sobre el mar y sobre los ríos su diestra.*

26. *Él clamará a mí, diciendo: "Mi padre eres tú, mi Dios, y la roca de mi salvación".*

27. *Yo también lo pondré por primogénito, el más excelso de los reyes de la tierra.*

28. *Para siempre le aseguraré mi misericordia y mi pacto será firme con él.*

29. *Estableceré su descendencia para siempre y su trono como los días de los cielos.*

30. *Si dejaran sus hijos mi Ley y no anduvieran en mis juicios,*

31. *si profanaran mis estatutos y no guardaran mis mandamientos,*

32. *entonces castigaré con vara su rebelión y con azotes sus maldades.*

33. *Pero no quitaré de él mi misericordia ni faltaré a mi fidelidad.*

34. *No olvidaré mi pacto ni mudaré lo que ha salido de mis labios.*

35. *Una vez he jurado por mi santidad y no mentiré a David.*

36. *Su descendencia será para siempre y su trono como el sol delante de mí.*

37. *Como la luna será firme para siempre y como un testigo fiel en el cielo".*

38. *Mas tú desechaste y menospreciaste a tu ungido, y te has airado con él.*

39. *Rompiste el pacto de tu siervo; has profanado su corona hasta la tierra.*

40. *Abriste brecha en todos sus muros; has destruido sus fortalezas.*

41. *Lo saquean todos los que pasan por el camino; es la deshonra de sus vecinos.*

42. *Has exaltado la diestra de sus enemigos; has alegrado a todos sus adversarios.*

43. *Embotaste asimismo el filo de su espada, y no lo levantaste en la batalla.*

44. *Hiciste cesar su gloria y echaste su trono por tierra.*

45. *Has acortado los días de su juventud; ¡lo has cubierto de vergüenza!*

46. *¿Hasta cuándo, Jehová? ¿Te esconderás para siempre? ¿Arderá tu ira como el fuego?*

47. *¡Recuerda cuán breve es mi tiempo! ¿Por qué habrás creado en vano a todo hijo de hombre?*

48. *¿Qué hombre vivirá y no verá muerte? ¿Librará su vida del poder del seol?*

49. *Señor, ¿dónde están tus antiguas misericordias, que juraste a David según tu fidelidad?*

50. *Señor, acuérdate del oprobio de tus siervos; oprobio de muchos pueblos, que llevo en mi seno,*

51. *porque tus enemigos, Jehová, han deshonrado, porque tus enemigos han deshonrado los pasos de tu ungido.*

52. *¡Bendito sea Jehová para siempre! ¡Amén y Amén! (Salmo 89:1– 52 RVR95)*

Por supuesto que Dios nunca se contradice, y siempre cumple lo que promete. Además, como hemos visto en secciones anteriores, Dios siempre tiene un propósito o una razón para hacer lo que hace, y con frecuencia tiene más de un propósito o razón para hacer cada cosa que hace. El hecho de que Etán Ezraíta expresara estas palabras delante de Dios nos permite ver que aun siendo tan sabio, no tenía ni la menor idea de lo que Dios estaba haciendo, ni de por qué ni para qué hacía lo que hacía; ni mucho menos de lo que iba a hacer en el futuro. Además de una queja: *"Señor, ¿dónde están tus antiguas misericordias, que juraste a David según tu fidelidad?" (Salmo 89:49 RVR95)*, las palabras de Etán Ezraíta eran también un ruego a Dios en favor de David, para que el Señor le diera lo que él creía que le había prometido. Prácticamente, siempre que encontramos algo en la Palabra de Dios que nos parece que es una contradicción, o algo que parece que no tiene sentido, es una señal inequívoca de que nos estamos topando con algo que no hemos entendido. Si posteriormente Dios abre nuestro entendimiento y nos permite comprender ese asunto, habremos sido enriquecidos en nuestro conocimiento sobre los asuntos del reino de Dios.

David había dirigido al ejército de Israel en batalla y había obtenido grandes victorias sobre enemigos crueles que procuraban destruir a la nación, por lo cual el pueblo lo amaba. Etán Ezraíta y la mayoría de los israelitas sabían que mientras David estuviera en el trono podrían contar con alguien sabio, capaz, justo, misericordioso, diligente y temeroso de Dios, que buscaría siempre el bien de Israel. Etán Ezraíta no podía entender por qué si Dios le hizo tan grandes promesas al rey David, hacía que ahora le fuera tan mal en su vida personal, además de no prosperar la labor que le correspondía hacer como rey. La verdad es que, aun habiendo sido David un varón conforme al corazón de Dios (Hechos 13:22), de todas maneras muchas de las promesas que Dios le hizo eran demasiado grandes para un ser humano; de ninguna manera podían cumplirse en David. La promesa que le dio Dios a David es que su reino se perpetuaría después de él, de generación en generación (2 Samuel 7:12–17), hasta llegar a uno de sus hijos que será Rey de reyes y Señor de señores (Apocalipsis 19:16), en quien se cumplirán estas promesas en su totalidad y a quien se le conocería como "El Hijo de David" (Mateo 1:1, Marcos 10:47, Lucas 1:32, Juan 7:42). Por ejemplo, consideremos lo siguiente: *"Entonces hablaste en visión a tu santo y dijiste: He puesto el socorro sobre uno que es poderoso; he exaltado a un escogido de mi pueblo. Hallé a David mi siervo; lo ungí con mi santa unción" (Salmo 89:19–20 RVR95)*. Obviamente el socorro para la nación no podría estar en las manos de un hombre que podía morir en cualquier momento, y que en el mejor de los casos, si era bendecido con larga vida, iba a envejecer y unos pocos años después habría de morir, como todo ser humano. La Palabra de Dios nos dice claramente de dónde viene el socorro: *"Alzaré mis ojos a los montes; ¿de dónde vendrá mi socorro? Mi socorro viene de Jehová, que hizo los cielos y la tierra" (Salmo 121:1 RVR 1960)*. El socorro estaría en las manos de Cristo, el Hijo de David, quien vive por los siglos de los siglos. Etán Ezraíta también recuerda al Señor en su oración que le dijo a David: *"Asimismo pondré su mano sobre el mar, y sobre los ríos su diestra" (Salmo 89:25 RVR95)*. Sabemos que el Señor Jesús mostró su dominio sobre el mar: *"Y levantándose, reprendió al viento, y dijo al mar: Calla, enmudece. Y cesó el viento, y se hizo grande bonanza" (Marcos 4:39 RVR 1960)*. Pero no tenemos registro de que el rey David haya realizado algo semejante. Continúa recordándole Etán Ezraíta al Señor haber dicho: *"Yo también le pondré por primogénito, el más excelso de los reyes de la tierra" (Salmo 89:27 RVR95)*. Y es verdad que David fue un gran rey, pero no vemos que haya sido el más excelso de los reyes de la tierra, cuando observamos que hubo otros reyes que tuvieron mucho mayor gloria que él, como Nabucodonosor de Babilonia, Alejandro Magno de Grecia, el rey Asuero de Persia, varios de los emperadores romanos, Carlos I de España conocido también como Carlos V Emperador del Sacro Imperio Romano Germánico, la reina Victoria de Inglaterra, entre otros muchos. Aun en su tiempo, Faraón en Egipto y el rey de Tiro fueron más excelsos que David. Pero el Señor Jesús sí es el más excelso de los reyes de la tierra, puesto que Él es Rey de reyes y Señor de señores (Apocalipsis 1:5, Apocalipsis 17:14). De hecho, Etán Ezraíta dijo en este Salmo 89, muy probablemente sin entender lo que él mismo decía, puesto que estaba hablando por el Espíritu de Dios, que de quien se está hablando no es de David sino de la descendencia de David, es decir, de Cristo: *"Su descendencia será para siempre y su trono como el sol delante de mí* (de Dios Padre). *Como la luna será firme para siempre..." (Salmo 89:36–37 RVR95).* En otras palabras, la Palabra de Dios, en este caso a través del mismo Etán Ezraíta, nos está diciendo que no era David quien sería para siempre, sino su descendencia. Ya se había dicho antes: *"Jehová es Rey eternamente y para siempre..." (Salmo 10:16 RVR 1960).* Observando con cuidado, podemos ver claramente una vez más que no es de David de quien se está hablando en las promesas, sino de Cristo. Las súplicas de Etán Ezraíta pasan a ser las palabras de Cristo orando a Su Padre: *"Señor* (se refiere a Dios Padre), *acuérdate del oprobio de tus siervos; oprobio de muchos pueblos, que llevo en mi seno..." (Salmo 89:50 RVR95).* Obviamente ni David ni Etán Ezraíta llevaron el oprobio de los pueblos en su seno. Es claro que fue el Hijo de David, Cristo, quien llevó el oprobio de los pueblos en Su seno, y nos libró de él mediante la gran victoria que obtuvo en la cruz del calvario, pagando mediante Su muerte el precio que nos correspondía pagar a nosotros por causa de nuestros pecados, ya que la paga del pecado es la muerte (Romanos 6:23), y librándonos así del oprobio que el reino de la muerte había impuesto sobre nosotros. Y habiendo vencido a la muerte mediante Su resurrección hizo evidente qué reino tiene más poder.

Habiendo considerado lo anterior, podemos ver que era necesario que David sufriera dificultades y descalabros, para que quedara bien claro a los ojos de todos que dichas promesas no eran precisamente para él, sino para uno de su descendencia que lo llenaría de honra y de gloria. ¿De qué mejor manera se podría hacer evidente ante todo el pueblo de Dios que dichas promesas, aunque dadas a David, no eran para él, sino sufriendo él dificultades y penalidades que lo hicieran verse muy lejos de aquel en quien se cumplirían dichas promesas? Pero Dios no dejaría a su amado David arruinado para siempre; también fue profetizado que Dios repararía la imagen decaída de David: *"En aquel día yo levantaré el tabernáculo caído de David, y cerraré sus portillos y levantaré sus ruinas, y lo edificaré como en el tiempo pasado"* (Amós 9:11 RVR 1960). Al no cumplirse las promesas dadas a David en su persona, sino viviendo él circunstancias muy lejanas de lo que se le prometió, se hace evidente que dichas promesas no eran para él sino para alguien más. Para nosotros que vivimos después de la primera venida de Cristo, y que podemos leer las enseñanzas del Nuevo Testamento, estas cosas son fáciles de ver y de entender. Pero para la gente que vivía en los tiempos del Antiguo Testamento, esto era muy difícil de comprender, puesto que Cristo no se había manifestado a Su pueblo tan claramente como lo hizo cuando vino a este mundo. De manera que aun para un gran sabio como Etán Ezraíta, este asunto era prácticamente imposible de entender.

Etán Ezraíta reclama a Dios el no haber cumplido Su promesa (Salmo 89:38–45). Da por hecho que el que Dios no hubiera dado a David los beneficios expresados en Su promesa, de ponerlo muy en alto, se debe a que Dios se enojó con éste, seguramente por no estar a la altura de Sus expectativas. Y pregunta a Dios: ¿hasta cuándo prevalecerá el que Tus promesas no se cumplan?, ¿hasta cuándo estarás enojado? (Salmo 89:46).

Etán Ezraíta seguramente murió sin entender lo que Dios estaba haciendo, ni las razones ni los propósitos por los que Dios hacía lo que hacía. Sin embargo, aun sin entender, de todos modos se sometió a Dios y reconoció Su grandeza y Su señorío (Salmo 89:5–18); inició y terminó el salmo ofreciendo alabanzas (Salmo 89:1 y 52). En ningún momento condiciona su ciudadanía del reino de Dios, aunque a sus ojos, todo parecía como que la palabra de Dios había fallado. En este tiempo en que nos toca vivir a nosotros mucha gente condiciona su venida a los pies de Cristo hasta que no le convenzan algunos detalles de la Biblia: mientras no le convenza más la narración de Moisés acerca de la creación del mundo que las teorías de la ciencia; mientras le parezca que la teoría de la evolución acerca de cómo apareció el ser humano en este planeta es más convincente que la narración bíblica acerca de Adán y Eva; mientras no pueda creer la historia del diluvio sucedido en el tiempo de Noé; que Enoc y Elías se fueron de este mundo sin morir; o que Felipe fue teletransportado de un lugar a otro por el Espíritu de Dios después de su entrevista con el eunuco etíope. Se necesita la fe para poder creer lo que se vuelve inaccesible mediante la lógica. La verdad, no es posible que alguien sea cristiano si no es capaz de creer estas y muchas otras cosas sobrenaturales que existen y que nuestros ojos no pueden ver ahora, como ángeles, espíritus, demonios, el cielo y el infierno. Y también es necesario que el cristiano sea capaz de creer un gran número de narraciones sobre eventos extraordinarios, como cuando Dios daba a Su pueblo pan del cielo (el maná), cuando el Señor multiplicó los panes y los peces, cuando caminó sobre el agua, cuando sanó a los enfermos; y promesas para el futuro, como lo que se nos dice acerca de la futura resurrección de los muertos, del arrebatamiento de la iglesia, y de la segunda venida de Cristo a este mundo, entre otras muchas cosas. Si no podemos creer las cosas extraordinarias que la Biblia dice; si dudamos de la veracidad de la Palabra de Dios; o si por no creer, por no entender o por no parecernos lógicas algunas cosas como estas no nos sometemos bajo el señorío de Dios, no podemos pertenecer a Su reino: *"...Si vosotros no creyereis, de cierto no permaneceréis" (Isaías 7:9 RVR 1909)*. Pero felizmente, ese no fue el caso de Etán Ezraíta.

A muchos teólogos, escatólogos y sabios de este tiempo les sucede algo semejante a lo que le sucedió a Etán Ezraíta, que discuten cuestiones bíblicas que no entienden bien, debido a que fueron profetizadas para tiempos futuros, y que el Espíritu de Dios no ha revelado claramente todavía porque no ha llegado el tiempo para ello. Un ejemplo de esto es lo que le sucedió al profeta Daniel cuando un ángel estaba dándole información: *"Yo oí, pero no entendí. Dije entonces: Señor mío, ¿cuál será el fin de estas cosas? Él respondió: Anda, Daniel, pues estas palabras están cerradas y selladas hasta el tiempo del fin" (Daniel 12:8-9 RVR95)*. Es importante estudiar y repasar dichos asuntos continuamente porque a Su tiempo, el Espíritu de Dios abrirá y quitará el sello a esas palabras y las podremos entender, y necesitamos estar listos para ello; pero mientras continúen cerradas y selladas no hay mucho lugar para la discusión al respecto.

Etán Ezraíta no abandonó su fe en Dios por su imposibilidad de entender. Es importante tener siempre en mente que aunque haya cosas que no entendemos de la Palabra de Dios, cosas que nos parecen ilógicas o contradictorias, con todo, la palabra de Dios es verdad y a su tiempo se cumplirá, aunque ahora no podamos prever cómo. Como dijo Cristo a los que caminaban a Emaús: *"Y él les dijo: Estas son las palabras que os hablé, estando aún con vosotros: que era necesario que se cumpliesen todas las cosas que están escritas de mí en la ley de Moisés, y en los profetas, y en los salmos" (Lucas 24:44 RVR 1909)*. No quedará nada de la palabra de Dios sin cumplir: *"Porque de cierto os digo que hasta que pasen el cielo y la tierra, ni una jota ni una tilde pasará de la ley, hasta que todo se haya cumplido" (Mateo 5:18 RVR 1960)*. No siempre podemos entender las razones o los propósitos por los que Dios hace lo que hace. Sin embargo, muchas de esas cosas, las que Dios decida revelarnos, a su tiempo las entenderemos.

1.10   Servir como agentes de Dios sin saberlo

El propósito por el que los siervos de Dios están en el mundo es para servir a Dios, valga la redundancia. No es que no puedan, que no deban o que sea malo que los hijos y siervos de Dios tengan un buen tiempo, que se diviertan y que la pasen bien. Por supuesto que es bueno que puedan disfrutar de diferentes maneras; tomar vacaciones, comer en un buen restaurant, ganar mucho dinero, etc. Pero aunque todas estas cosas son lícitas y buenas, no es el propósito principal de su presencia en el mundo. Los hijos de Dios están en el mundo con el principal propósito de servir a Dios. Sería ilógico pensar en siervos que no sirven.

En muchos casos, o mejor dicho, quizás en su mayoría, servir a Dios requiere un sacrificio de parte del siervo. Ese sacrificio puede realizarse ofreciendo su tiempo, recursos o posesiones, su dinero, energía, cambiando planes y prioridades, etc., para el servicio del Señor.

En ocasiones, el siervo de Dios sabe muy bien lo que está haciendo para servir al Señor, por ejemplo, puede ser miembro del departamento o comisión de evangelismo y misiones de su iglesia local, o del departamento de finanzas, de educación cristiana, de visitación, etc., o puede quizás ser el pastor. O tal vez esté apoyando económicamente alguna agencia misionera, o colaborando en algún ministerio o proyecto de desarrollo social en la comunidad, etc. En casos como los descritos, el siervo de Dios está consciente de lo que está haciendo y aporta en forma voluntaria lo que esté a su alcance para la realización de la obra de la que forma parte.

Pero en muchas otras ocasiones el siervo de Dios no sabe lo que está haciendo para servir al Señor. Con frecuencia Dios coloca a Su siervo dentro de un proyecto acerca del cual el siervo mismo no está enterado ni consciente, y Dios es quien realiza la obra a través de él o de ella. Tal fue el caso de Noemí.

En un tiempo en el que hubo hambre en la tierra de Israel, Noemí, su esposo Elimelec, y sus hijos Mahlón y Quelión decidieron dejar su natal Belén de Judea y emigrar al reino vecino de Moab, tratando de escapar de la hambruna (Rut 1:1–2). Cuando el hambre y la escasez azotan un país, obviamente no todos se ven afectados de la misma manera. Hay algunos que en medio de la crisis siguen teniendo lo necesario para vivir, o incluso más de lo necesario, y normalmente son los más pobres los que la pasan mal. Por esta razón no todos se ven obligados a emigrar.

No mucho tiempo después de haber llegado a los campos del vecino país de Moab murió Elimelec, el esposo de Noemí. Y continuó ella viviendo en Moab con sus dos hijos, los cuales se casaron con mujeres moabitas; los nombres de ellas eran Orfa y Rut. Y un poco después los hijos de Noemí, Mahlón y Quelión, también murieron, quedando Noemí y sus dos nueras desamparadas (Rut 1:3–5).

Habiendo sufrido Noemí desastres de tan gran magnitud, y habiendo escuchado que la hambruna que azotó Israel había terminado, decidió regresar a su tierra. Ante tal decisión de Noemí, Orfa regresó a la casa de sus padres allí en Moab, pero Rut decidió ir con su suegra a la tierra de Judá (Rut 1:14–16). Noemí se sentía anímicamente devastada, con gran amargura en su corazón por estar viviendo circunstancias tan adversas. Y a su regreso a Belén de Judea, cuando la gente la llamaba por su nombre: *"ella les respondía: No me llaméis Noemí* (que significa placentera), *sino llamadme Mara* (que significa amarga); *porque en grande amargura me ha puesto el Todopoderoso. Yo me fui llena, pero Jehová me ha vuelto con las manos vacías. ¿Por qué me llamaréis Noemí, ya que Jehová ha dado testimonio contra mí, y el Todopoderoso me ha afligido?* (Rut 1:20–21 RVR 1960). Estas palabras de Noemí nos permiten entender que ella no tenía ni la menor idea acerca de cuál sería la razón por la que el Señor había traído semejante sufrimiento a su vida.

Noemí estaba lejos de entender que como sierva de Dios, estaba sirviéndole, siendo usada por Él de una manera que no sabía. Ante las circunstancias de escasez y de hambre Noemí se vio obligada a salir de Judá, yendo a Moab y regresando luego con Rut. Dios había escogido a Rut para que saliera del reino de Moab y pasara a vivir entre el pueblo de Dios. La integración de Rut a la nación de Israel tiene grandes e importantes implicaciones y enseñanzas, tanto para el pueblo israelita como para los que no son descendientes de Israel según la carne, es decir, para los gentiles. Mediante esta maravillosa historia, la palabra de Dios nos enseña que los gentiles que decidan venir al Señor e integrarse a Su pueblo, es decir, al reino de Dios, serán recibidos y bienvenidos. Y no sólo serán recibidos y bienvenidos, sino que podrán llegar a ser figuras importantes dentro del pueblo de Dios, como Rut, quien habiendo dejado atrás la casa de su padre y su nación, vino a ser bisabuela del rey David (Rut 4:21–22), y por consiguiente miembro de la genealogía del Rey de reyes y Señor de señores, el Señor Jesucristo.

Si Noemí estaba lejos de entender lo anterior, en el tiempo en que esas cosas sucedían, es claro que también le habría sido imposible comprender que para que ese proyecto de Dios se llevara a cabo exitosamente, era necesario que su esposo y que sus hijos murieran, ya que si no hubieran muerto, lo más probable es que Noemí nunca hubiera regresado a vivir a la tierra de Israel. Si Dios hubiera bendecido, prosperado y engrandecido a Noemí, a su marido Elimelec, y a sus hijos en la tierra de Moab, ¿para qué dejar su prosperidad en Moab y regresar a Israel a comenzar de nuevo? Las circunstancias fueron muy duras para Noemí, pero al mismo tiempo, ella estaba teniendo el privilegio de ser usada y dirigida por Dios como una agente especial del reino de Dios para la realización de una misión delicada e importante. Y si Noemí hubiera estado enterada en todo momento de lo que Dios estaba haciendo a través de ella ¿habría hecho mejor su trabajo? Más bien, quizás lo hubiera echado a perder, al involucrar su voluntad, sus temores, su inseguridad, entre otras cosas, por su humana debilidad.

Esto nos enseña también que cuando las circunstancias son difíciles en nuestras vidas y no entendemos por qué el Señor nos hace pasar por problemas y aprietos, debemos confiar en que el Señor es bueno, que nos ama, que sabe muy bien lo que está haciendo en nosotros y a través de nosotros, y que como Noemí, muy probablemente nos asombraríamos si supiéramos lo que Dios quizás esté haciendo por medio de nosotros. Y usamos la palabra quizás, porque como veremos en la segunda parte de este libro, hay una gran variedad de razones por las que Dios hace pasar a sus siervos por dificultades. Es necesario tener paz en medio de la tempestad, sabiendo que aunque nosotros no sepamos lo que Dios está haciendo, con que Él lo sepa es suficiente. Nuestra parte es sólo confiar y esperar en Él, andar en obediencia a Su palabra y en santidad, para que Dios realice sus maravillas en nosotros y a través de nosotros.

1.11   No todos los proyectos son para todos

Conforme a Su propósito Dios diseña y prepara algunos proyectos especiales y escoge algunos de Sus siervos para que se encarguen de realizarlos. En muchas ocasiones nosotros no sabemos cuáles son los criterios que Dios utiliza para escoger a alguno de Sus siervos antes que a otro para la puesta en marcha y ejecución de algún proyecto en particular. Es un hecho que no todos los proyectos son para todos. No es cuestión de que algún siervo de Dios decida realizar, o simplemente participar en algún proyecto de servicio para el Señor, sino que solamente pueden servir aquellos a quienes les es dado por el Señor.

Podemos encontrar muchas ilustraciones de lo anterior en la Biblia, pero en esta ocasión vamos a centrar nuestra atención en la historia del diluvio narrada en el libro de Génesis, capítulos del 6 al 9. En ese tiempo, al igual que ahora, Dios estaba observando el curso de los acontecimientos entre los seres humanos y se disgustó en gran manera por lo que vio: *"Y vio Jehová que la maldad de los hombres era mucha en la tierra, y que todo designio de los pensamientos del corazón de ellos era de continuo solamente el mal. Y se arrepintió Jehová de haber hecho hombre en la tierra, y le dolió en Su corazón"* (Génesis 6:5–6 RVR 1960). Las observaciones realizadas por el Señor lo llevaron a tomar una muy seria determinación: *"Y dijo Jehová: Raeré de sobre la faz de la tierra a los hombres que he creado, desde el hombre hasta la bestia, y hasta el reptil y las aves del cielo; pues me arrepiento de haberlos hecho"* (Génesis 6:7 RVR 1960). Felizmente, antes de que Dios ejecutara el ardor de Su ira, encontró un hombre que se comportaba con rectitud, de acuerdo a los lineamientos establecidos por Él: *"Pero Noé halló gracia ante los ojos de Jehová"* (Génesis 6:8 RVR 1960). Si observamos el texto bíblico con cuidado, veremos que en ese tiempo su padre Lamec y su abuelo Matusalén todavía vivían.

Dios siguió adelante con Su propósito de raer de la faz de la tierra a la humanidad corrupta de aquel tiempo, pero decidió conservarles la vida a Noé y a su familia. Para esto, el Señor determinó encargar a Noé un proyecto de preservación de su propia vida, de su familia y de muchos de los animales que había creado. Para ese propósito Dios encargó a Noé la construcción de una gran nave en la que escaparían de la enorme cantidad de agua que Él iba a enviar y posteriormente dio a Noé el asumir el cargo de capitán de la misma. Primero, el Señor diseñó la nave, y luego entregó los planos de la misma a Noé, y le encomendó la tarea de realizar su construcción: *"Hazte un arca de madera de gofer; harás aposentos en el arca y la calafatearás con brea por dentro y por fuera. De esta manera la harás: de trescientos codos será la longitud del arca, de cincuenta codos su anchura y de treinta codos su altura"* (Génesis 6:14–15 RVR95). Utilizando la tabla de pesas y medidas que aparece al final de la mayoría de nuestras Biblias podemos ver que un codo equivalía aproximadamente a 45 centímetros. En base a la descripción anterior, y utilizando la siguiente fórmula:

Volumen interior = longitud x altura x profundidad

podemos saber que el volumen del interior de la nave habría sido de aproximadamente 41,000 metros cúbicos, si la embarcación hubiera sido más o menos como una caja rectangular. Además, estaba distribuida en tres niveles (Génesis 6:16).

Una vez concluida la construcción de la nave, Dios confió a Noé el realizar los preparativos (Génesis 7:1–5), reuniendo a las personas y a los animales que deberían entrar en el arca, con el alimento necesario (Génesis 6:21) para sobrevivir dentro de la embarcación por poco más de un año (Génesis 7:11, Génesis 8:13–16). Habiendo quedado terminados los preparativos vino la lluvia (Génesis 7:10–12), y el arca empezó a flotar sobre las aguas (Génesis 7:18).

Las personas a quienes Dios permitió conservar la vida fueron Noé, su mujer, sus tres hijos Sem, Cam y Jafet, y las tres mujeres de sus hijos (Génesis 7:13). Y a Noé comisionó Dios para que estuviera al frente de la expedición. Seguramente la familia de Noé también habría andado en rectitud, pero todo parece indicar que, en buena medida, la familia recibía la bendición por causa de Noé (Génesis 7:1).

En el tiempo en que vivió Noé nadie andaba en el camino del Señor, excepto Noé, su familia, y sus antepasados que le enseñaron el camino del Señor. Es interesante observar el papel que desempeñaron el padre y el abuelo de Noé en la realización de este gran proyecto del arca, ya que sin ellos Noé no habría conocido a Dios, ni habría andado en Su camino, y por lo tanto no se habría encargado de toda esta expedición. Sin el padre y el abuelo de Noé, esta historia sin duda sería diferente, y no sólo esta historia, sino que también la historia de la humanidad. Con todo, Dios no les permitió a ellos subir al arca ni vivir con Noé y con su familia la experiencia del diluvio. Muy probablemente la madre y la abuela de Noé también habrían podido influir positivamente sobre Noé, enseñándole a andar en el camino del Señor, junto con su padre y su abuelo, pero esto es sólo una suposición ya que la Biblia no habla acerca de ellas en lo absoluto.

Noé tuvo entre sus antepasados a hombres que fueron obedientes a Dios y que anduvieron en Su camino. El bisabuelo de Noé fue Enoc, quien fue muy fiel a Dios. Y agradó Enoc a Dios a tal grado que le dio irse de este mundo sin que viera muerte (Génesis 5:24, Hebreos 11:5). Enoc fue padre de Matusalén (Génesis 5:21), el cual fue abuelo de Noé. Y Matusalén fue padre de Lamec (Génesis 5:25), quien vino a ser el padre de Noé (Génesis 5:28–29). Todos estos hombres y otros de sus antepasados tuvieron en común el hecho de que conocieron a Dios y anduvieron en Su camino. Es interesante notar también que todos estos patriarcas tuvieron muchos hijos e hijas (Génesis 5:22, Génesis 5:26, Génesis 5:30), pero sólo uno de los hijos de cada patriarca decidió seguir el camino de su padre y andar en obediencia y fidelidad a Dios. Todos los demás hijos e hijas de estos antepasados de Noé que decidieron no seguir el camino del Señor y las enseñanzas de sus padres, murieron en el diluvio en tiempos de Noé.

Aunque muy probablemente fue Lamec quien enseñó a su hijo Noé el camino del Señor y quien habría influido positivamente en él para que le fuera fiel, Dios no le dio la oportunidad de viajar con Noé en el arca, ya que murió poco antes del diluvio. Esto lo podemos saber fácilmente puesto que la Biblia nos dice que el diluvio inició cuando Noé tenía 600 años de vida: *"Y siendo Noé de seiscientos años, el diluvio de las aguas fue sobre la tierra"* (Génesis 7:6 RVR 1909). Y también el texto bíblico nos dice que Lamec vivió poco menos de eso después de haber engendrado a Noé: *"Y vivió Lamec, después que engendró a Noé, quinientos noventa y cinco años: y engendró hijos e hijas"* (Génesis

5:30 RVR 1909), lo cual nos permite saber que Lamec murió cinco años antes del diluvio. Algo semejante podemos decir de Matusalén, el abuelo de Noé, quien sobrevivió a su hijo Lamec, pero murió el mismo año en que Dios envió el diluvio, justo antes de su inicio. Esto lo podemos saber en base a lo que dice el texto siguiente: *"Y vivió Matusalén, después que engendró a Lamec, setecientos ochenta y dos años: y engendró hijos e hijas" (Génesis 5:26 RVR 1909)*. Pero Lamec vivió 777 años: *"Y fueron todos los días de Lamec setecientos setenta y siete años; y murió" (Génesis 5:31 RVR 1909)*. Esto nos permite saber claramente que Matusalén murió cinco años después de que muriera su hijo Lamec. Y como Lamec murió cinco años antes del diluvio, según vimos arriba, y puesto que Matusalén no viajó en el arca, podemos concluir que Matusalén murió el mismo año en que iniciaron las torrenciales lluvias, justo antes de su inicio.

Al leer los primeros capítulos del libro de Génesis, donde se nos habla del gran número de años que vivieron los primeros patriarcas, muchas personas se preguntan si esos años que se registran allí serían iguales a los años que se contabilizaron en tiempos posteriores, en tiempos del Nuevo Testamento, y en el tiempo actual; es decir, años que se cuentan desde el inicio de una estación como el verano o el invierno, hasta que la misma estación se vuelve a repetir. Pero todo parece indicar que sí eran años como los que contabilizamos el día de hoy. Como podemos ver en el texto bíblico, cuando Dios hizo al ser humano le dio vivir edades de cerca de mil años; después de todo, eso no es mucho para Dios: *"Mas, oh amados, no ignoréis esto: que para con el Señor un día es como mil años, y mil años como un día" (2 Pedro 3:8 RVR 1960)*. Pero luego Dios vio la gran inclinación del hombre hacia la maldad (Génesis 6:5), y pensó que no era bueno que viviera tanto, por lo que decidió reducir su tiempo de vida: *"Y dijo Jehová: No contenderá mi Espíritu con el hombre para siempre, porque ciertamente él es carne: mas serán sus días ciento y veinte años" (Génesis 6:3 RVR 1909)*. En seguida la Biblia nos muestra cómo fue Dios llevando a cabo dicha reducción del tiempo de vida del ser humano, poco a poco, de generación en generación, de manera gradual (Génesis 11:10–32).

Moisés llegó a vivir dicha edad determinada por Dios: *"Y era Moisés de edad de ciento y veinte años cuando murió: sus ojos nunca se oscurecieron, ni perdió su vigor"* (Deuteronomio 34:7 RVR 1909). Sin embargo, el mismo Moisés nos da cuenta de una nueva reducción en la vida del ser humano, determinada por Dios: *"Los días de nuestra edad son setenta años. Si en los más robustos son ochenta años, con todo, su fortaleza es molestia y trabajo, porque pronto pasan y volamos"* (Salmo 90:10 RVR95).

Noé fue el último de los patriarcas bíblicos que vivió más de 900 años, ya que fue en su tiempo cuando Dios decidió iniciar el proceso de reducción del tiempo de vida de los seres humanos: *"Y fueron todos los días de Noé novecientos y cincuenta años; y murió"* (Génesis 9:29 RVR 1909). A partir de Noé, cada uno de sus descendientes, que fueron ancestros de Abraham, fueron gradualmente teniendo tiempos de vida más y más cortos, hasta el tiempo de Abraham (Génesis 11:10–26). También podemos ver que Noé vivió hasta alcanzar a ser contemporáneo de Abraham. Esto lo podemos saber de la siguiente manera: Noé tenía 500 años de edad cuando engendró a sus hijos: *"Y siendo Noé de 500 años, engendró a Sem, Cam, y a Jafet"* (Génesis 5:32 RVR 1909). Génesis 10:21 nos dice que Sem era mayor que Jafet. No podemos saber a ciencia cierta si en el texto de Génesis 5:32 que acabamos de citar, Moisés nos da esa edad de 500 años como un "más o menos", o si Sem, Cam y Jafet hubieran sido triates, y simplemente Sem hubiera sido mayor que Jafet por haber salido primero del vientre de su madre, como en el caso de Esaú y Jacob (Génesis 25:25–26). Esta segunda opción parecería ser la más probable, ya que a lo largo de sus escritos del Pentateuco, Moisés se distingue por ser muy preciso en todos y cada uno de sus comentarios y aseveraciones, así es que sería poco probable que en esta ocasión nos diera Moisés un "más o menos". Bueno, tomando la información del Génesis tal como se nos da, Noé tenía:

500 años cuando engendró a Sem (Génesis 5:32)
600 años cuando Sem engendró a Arfaxad (Génesis 11:10)

635 años cuando Arfaxad engendró a Sala (Génesis 11:12)
665 años cuando Sala engendró a Heber (Génesis 11:14)
699 años cuando Heber engendró a Peleg (Génesis 11:16)
729 años cuando Peleg engendró a Reu (Génesis 11:18)
761 años cuando Reu engendró a Serug (Génesis 11:20)
791 años cuando Serug engendró a Nacor (Génesis 11:22)
820 años cuando Nacor engendró a Taré (Génesis 11:24)
890 años cuando Taré engendró a Abraham (Génesis 11:26)

Ante los números anteriores, podemos concluir que Noé todavía vivía cuando nació Abraham, puesto que Noé vivió 950 años (Génesis 9:29). Pero en cada caso, los números que nos da la Biblia se cuentan hasta que cada patriarca fue engendrado, no hasta su nacimiento. Sabiendo que normalmente transcurren 9 meses (es decir, 0.75 años) desde que una persona es engendrada hasta su nacimiento (suponiendo que la duración del embarazo entonces era la misma que ahora), sería conveniente tomar en cuenta ese detalle para efectos de nuestro cálculo, de manera que:

950 años de vida de Noé – (menos) 890 años que transcurrieron desde el nacimiento de Noé hasta que Abraham fue engendrado es igual a 60 años:

$$950 - 890 = 60 \text{ años.}$$

A esta cantidad habría que restarle el tiempo que transcurrió desde que cada patriarca fue engendrado hasta su nacimiento (0.75 años por patriarca).

0.75 años por patriarca x 10 patriarcas = 7.5 años

Por lo tanto, Abraham habría tenido 52 años de vida cuando murió Noé:

60 años – 7.5 años = 52.5 años de vida

Por supuesto, si la duración del embarazo hubiera sido mayor en aquel tiempo, dadas las grandes edades que vivían en aquellos tiempos, entonces necesitaríamos hacerle una corrección adicional a nuestro cálculo, pero lamentablemente no tenemos información para hacer dicha posible corrección. Lo más probable es que no haya sido así y que la duración del embarazo entonces haya sido la misma que ahora. Pero de cualquier manera, aunque así hubiera sido y aunque fuera necesario hacer una corrección adicional a nuestro cálculo, lo más probable es que dicha corrección no fuera mayor que 52 años, de manera que de todos modos Abraham ya habría nacido cuando murió Noé. La Biblia nos dice que Abraham pasó los años de su juventud en Ur de los caldeos (Génesis 11:31), pero no nos dice en qué lugar vivió Noé en los años de su vejez; de manera que no nos es posible saber si Abraham habría tenido oportunidad de conocer personalmente a su tatara tatara tatarabuelo Noé.

Pero volviendo al asunto principal que hemos venido discutiendo en esta sección, podemos ver la confirmación del resultado de nuestro análisis, en cuanto a que ni Matusalén ni Lamec vivieron lo suficiente para viajar en el arca con Noé, ya que murieron poco antes de que iniciara el diluvio. Lo anterior es confirmado una vez más por la santa Escritura: sólo viajaron en el arca Noé, su mujer, sus tres hijos, y las mujeres de sus hijos; su padre y su abuelo no viajaron con ellos (Génesis 7:12–13, Génesis 8:18). Como comentamos arriba, Noé tuvo hermanos y hermanas, hijos de su padre Lamec (Génesis 5:30); sin embargo, ninguno de ellos viajó con Noé en el arca, puesto que ninguno de ellos fue tenido por justo ante los ojos del Señor: *"Y Jehová dijo a Noé: Entra tú y toda tu casa en el arca porque a ti he visto justo delante de mí en esta generación"* (Génesis 7:1 RVR 1909). Seguramente Lamec habría instruido también a sus otros hijos (Génesis 5:30), a los hermanos de Noé, en el temor de Jehová, al igual que a Noé, pero sólo este último decidió ser obediente al Señor, por lo cual a sus hermanos y a sus familias no les permitió Dios viajar en el arca y perecieron en el diluvio.

Las breves consideraciones anteriores nos permiten concluir que aunque Matusalén y Lamec fueron hombres que anduvieron en el camino del Señor, y fueron quienes hicieron llegar a Noé el conocimiento y el temor de Dios, no por eso les fue dado vivir la experiencia del arca, sino que Dios los llamó a Su presencia mediante la muerte antes del diluvio. La experiencia del arca fue dada por Dios solamente a Noé y a su familia. Podríamos quizás preguntarnos por qué, pero nos aventuraríamos al tratar de dar una respuesta. Nosotros no sabemos cuáles son las razones o los propósitos por los que Dios hace lo que hace. Sin embargo, no podemos evitar pensar que si su padre o su abuelo, o ambos, hubieran viajado en la nave con Noé y con su familia, es posible que hubiera sido más difícil para Noé realizar la labor de capitán de la nave. De cualquier manera, no conviene asegurar nada al respecto. Lo que sí podemos asegurar sin temor a equivocarnos es que no todos los proyectos son para todos.

1.12   No sabemos por qué el Señor está azotando a nuestro hermano

Todos hemos tenido oportunidad de ver hermanos en Cristo que pasan por duras pruebas o que están siendo azotados por el Señor de diversas maneras.

Dios hace una obra diferente en la vida de cada uno de Sus hijos. Lo que hace Dios en la vida de uno de Sus siervos es diferente a lo que hace en la vida de otro, y tiene un propósito diferente para cada uno: *"Cuando hubieron comido, Jesús dijo a Simón Pedro: Simón, hijo de Jonás, ¿me amas más que éstos? Le respondió: Sí, Señor; tú sabes que te amo. Él le dijo: Apacienta mis corderos... Volviéndose Pedro, vio que les seguía el discípulo a quien amaba Jesús (es decir Juan)... Cuando Pedro le vio, dijo a Jesús: ¿y qué de éste? Jesús le dijo: Si quiero que él quede hasta que yo venga, ¿qué a ti? Sígueme tú (Juan 21:15, 20, 21, 22 RVR 1960).* Esto nos enseña que es importante atender el llamado que el Señor nos hace a nivel individual y personal, ocuparnos en hacer lo que Él espera de nosotros y ser hallados por Él como siervos fieles y obedientes. Y por otro lado, es importante también respetar el trato que tiene Dios con los hermanos que están a nuestro alrededor y no entrometernos en la obra que Dios está haciendo en sus vidas. Hay que tener mucho cuidado de no tratar de intervenir, controlar, estorbar o manipular la obra que Dios está realizando en ellos, ni en la obra que nuestros hermanos están realizando para el Señor, de acuerdo a lo que Él les ha pedido también a nivel personal a cada uno de ellos. Si hemos de intervenir en la obra de alguno en particular debe ser para orar por él y para apoyarle, si nuestro hermano lo necesita y nos lo pide.

Como veremos en mayor detalle en la segunda parte de este libro, hay una gran variedad de razones por las que los hijos de Dios sufren, siendo continuamente azotados o probados. Ninguno de los que verdaderamente pertenecen al pueblo de Dios puede pasar por este mundo sin ser azotado: *"Porque el Señor al que ama, disciplina, y azota a todo el que recibe por hijo. Si soportáis la disciplina, Dios os trata como a hijos; porque ¿qué hijo es aquel a quien el padre no disciplina? Pero si se os deja sin disciplina, de la cual todos han sido participantes, entonces sois bastardos, y no hijos (Hebreos 12:6–8 RVR 1960).* Sin embargo, los hijos de Dios no son azotados el cien por ciento del tiempo. Hay períodos de tiempo en los que son azotados, y períodos de descanso, para luego ser azotados o probados de nuevo.

Cuando estamos en un período de tranquilidad y de paz, en el que no estamos siendo probados, y vemos a uno de nuestros hermanos en Cristo que sí está siendo duramente azotado, es importante tener cuidado de no juzgarlo. Muchas veces los cristianos tenemos la tendencia de pensar que nuestro hermano está siendo azotado porque es más pecador que nosotros o porque anda mal en su relación con Dios. Y es posible que así sea, pero también es posible que no sea el caso. Y sea cual sea la razón por la que Dios lo está azotando, nosotros no la conocemos, ni sabemos lo que Dios está haciendo en su vida. Por lo tanto, es necesario que al ver a nuestro hermano en medio de duras pruebas, tengamos misericordia de él y que le ofrezcamos toda la ayuda que esté a nuestro alcance brindarle, sin buscar a cambio obtener control sobre su vida o sobre el servicio que él ofrece a Dios; sin pretender modificar el servicio que realiza para el Señor, ni buscar que se haga a nuestro gusto o como nosotros consideramos conveniente.

Por supuesto, cuando alguien interviene en lo que Dios está haciendo en la vida de su prójimo, o en el servicio que su prójimo está tratando de ofrecer a Dios, quien interviene puede tener buenas o malas intenciones. Puede tener intenciones buenas y totalmente desinteresadas, con el único propósito de apoyar a su hermano cuando está muy atareado, cuando está siendo probado o azotado por Dios, mostrando misericordia y piedad genuinas. O puede tener, en lo general, buenas intenciones de ayudar, pero caer en el descuido o en la tentación de buscar alguna ventaja personal a cambio de su apoyo. O puede tener, en forma clara, malas intenciones. Convendría estudiar en detalle cada uno de estos tres casos, pero puesto que ese no es el objetivo principal de este libro, y para no hacer demasiado larga esta sección y difícil de leer, por el momento nos limitaremos a considerar solamente el último caso, con el propósito de ilustrar el asunto que estamos discutiendo en esta sección; y dejaremos el análisis de los otros casos como material para un posible trabajo futuro. Con tal propósito en mente, enfocaremos nuestra atención a la situación que presenta el profeta Abdías, como un ejemplo de este terrible último caso.

Los expertos no se ponen de acuerdo en cuanto al tiempo en el que vivió el profeta Abdías pero la mayor parte de ellos considera que el asunto que trata el profeta, y en particular el desastre del que habla en los versículos 10 al 14 de su libro, se refiere a la captura de Jerusalén en el año 587 antes de Cristo realizada por el ejército de Babilonia, comandado por Nabucodonosor. En esa situación en la que Babilonia hacía daño a la nación de Judá, el reino de Edom aprovechaba la ocasión para intervenir. Hay muchas referencias a este evento en otras partes de la Biblia, como en Isaías 34:5–17, en Jeremías 49:7–22, en Ezequiel 25:12–14, y en Ezequiel 35:1–15, entre otras. Consideraremos una referencia a esta situación que se encuentra en los Salmos, donde se nos muestra cómo los edomitas, llenos de odio y de impiedad, se entrometían para que Judá resultara todavía más perjudicado cuando el Señor utilizaba a Babilonia para castigar a Su pueblo: *"Oh Jehová, recuerda contra los hijos de Edom el día de Jerusalén, cuando decían: Arrasadla, arrasadla hasta los cimientos. Hija de Babilonia la desolada, bienaventurado el que te diere el pago de lo que tú nos hiciste" (Salmo 137:7–8 RVR 1960).* Según parece, todas las citas mencionadas se refieren al mismo evento, ya que no se sabe de otra invasión y destrucción de Jerusalén en la que se hayan entrometido los edomitas. La invasión de Babilonia a Judá trajo consigo consecuencias nefastas para esta última nación. Mientras tanto, la gente del reino vecino de Edom, a pesar de estar viendo la tremenda angustia que vivían los judíos, mostraba gran impiedad para con la nación hermana. Hay que recordar que Jacob, después llamado Israel (Génesis 32:28) y Esaú, también llamado Edom (Génesis 36:43), fueron hermanos, ambos hijos de Isaac y de Rebeca (Génesis 25:24–26). Y siendo Esaú el padre de los edomitas y Jacob el padre de los israelitas, por lo tanto, las naciones de Edom y de Israel eran naciones hermanas.

Pero cuando llegó el tiempo en el que Judá fue azotada por Dios, la nación de Edom endureció su corazón para con sus hermanos de Judá. Edom se identificó con los invasores y les causaba alegría ver que Judá estuviera siendo destruida: *"Por la injuria a tu hermano Jacob te cubrirá vergüenza, y serás cortado para siempre. El día que estando tú delante, llevaban extraños cautivo su ejército, y extraños entraban por sus puertas, y echaban suertes sobre Jerusalén, tú también eras como uno de ellos" (Abdías 10–11 RVR 1960).* Si Edom hubiera deseado ayudar a Judá, no hubiera podido hacerlo ya que Babilonia era una nación muy poderosa. Pero de todas maneras no era su deseo ayudar, sino más bien que Judá fuera perjudicada. El profeta menciona otras acciones indebidas realizadas por Edom: *"Pues no debiste tú haber estado mirando en el día de tu hermano, en el día de su infortunio; no debiste haberte alegrado de los hijos de Judá en el día en que se perdieron, ni debiste haberte jactado en el día de su angustia"* (Abdías 12 RVR 1960). Edom se aprovechó impíamente del desastre que sufría Judá para saquear sus despojos y robar: *"No debiste haber entrado por la puerta de mi pueblo en el día de su quebrantamiento; no, no debiste haber mirado su mal en el día de su quebranto, ni haber echado mano a sus bienes en el día de su calamidad"* (Abdías 13 RVR 1960). Además, los edomitas aprovecharon la oportunidad para procurar el exterminio total de aquellos a quienes odiaban tanto: *"Tampoco debiste haberte parado en las encrucijadas para matar a los que de ellos escapasen; ni debiste haber entregado a los que quedaban en el día de angustia"* (Abdías 14 RVR 1960). La actitud y el pensamiento del padre de la nación edomita continuaba en la mente de sus descendientes: *"Aborreció Esaú a Jacob por la bendición con que su padre lo había bendecido, y dijo en su corazón: Llegarán los días del luto por mi padre, y yo mataré a mi hermano Jacob"* (Génesis 27:41 RVR95).

Abdías profetizó que las cosas no quedarían así; Dios actuaría ante lo sucedido y tomaría venganza: *"Porque cercano está el día de Jehová sobre todas las naciones; como tú hiciste se hará contigo; tu recompensa volverá sobre tu cabeza"* (Abdías 15 RVR 1960). Y añade que la casa de Jacob no sería destruida del todo, sino que quedaría un remanente, el cual en el futuro recuperaría sus posesiones (Abdías 17) y recuperaría también su poder (Abdías 18). En este mismo versículo 18 del libro de Abdías, el profeta asegura que Dios pagaría a Edom por su impiedad para con su hermano Israel, haciéndolo ser destruido del todo. Finalmente, tal como lo profetizó Abdías en palabra del Señor, poco tiempo después Edom dejó de existir como nación, mientras que Israel permanece hasta hoy.

Como cristianos, podemos aprender cosas muy importantes de la profecía de Abdías. Nos enseña que cuando veamos a nuestro hermano ser azotado por Dios debemos tener mucho cuidado de evitar acciones que puedan llegar a ser injurias a nuestro hermano azotado, tales como burlas, palabras amargas que lastimen su autoestima o que le infundan desánimo o temor, amenazas, etc. (Abdías 10). Debemos evitar también estarnos admirando, alegrando o jactando como si nosotros fuéramos mejores o más justos que nuestro hermano (Abdías 12). De igual manera debemos evitar tratar de obtener alguna ventaja económica o de algún otro tipo ante el quebranto de nuestro hermano (Abdías 13). Tampoco debemos aprovechar la situación para contribuir a que el quebranto de nuestro hermano sea mayor de lo que Dios ha decidido imponerle (Abdías 14).

Como veíamos hace un momento, el odio, la actitud y las acciones de Edom contra Judá eran producto de una antigua enemistad que se volvió permanente y que se transmitió de padres a hijos de generación en generación: *"Así ha dicho Jehová: Por tres pecados de Edom, y por el cuarto, no revocaré su castigo: porque persiguió a espada a su hermano y violó todo afecto natural; en su furor le ha robado siempre y ha guardado perpetuamente el rencor. Prenderé fuego a Temán y consumirá los palacios de Bosra"* (Amós 1:11–12 RVR95). Edom era una nación constituida por gente impía: *"... y les llamarán territorio de impiedad, y pueblo contra el cual Jehová está indignado para siempre"* (Malaquías 1:4 RVR 1960). En nuestro caso, en la mayoría de las ocasiones no sabemos cuál es la razón por la que el Señor está azotando a nuestro hermano, y si creemos saberlo, no podemos estar plenamente seguros de que lo que creemos sea correcto. Por ello, y más aun no siendo asunto de nuestra incumbencia puesto que el Señor Jesús es el Juez (Juan 5:22), no nos corresponde a nosotros juzgarlo, ni mucho menos castigarlo, sino más bien debemos tener misericordia de él en el día de su prueba o de su calamidad.

Adicionalmente, conviene señalar que cuando nuestro prójimo está siendo azotado por el Señor, los que están a su alrededor lo observan, y con mucha facilidad se dan cuenta de que algo extraordinario está sucediendo en su vida. Y aunque nadie sabe exactamente los detalles de lo que está sucediendo, muchos lo juzgan a la ligera e imaginan cosas, todas ellas muy probablemente alejadas de la realidad. Muchos de estos son malos pensamientos, y en un gran número de ocasiones estos malos pensamientos pasan a convertirse en malos comentarios, los cuales vienen a hacer daño al siervo de Dios. Ese es un pecado que además de hacer daño al siervo de Dios que está siendo probado, puede traer graves consecuencias a quien lo juzga: *"...porque persiguieron al que tú heriste y cuentan del dolor de los que tú llagaste. ¡Pon maldad sobre su maldad y no entren en tu justicia! ¡Sean borrados del libro de los vivientes y no sean inscritos con los justos!"* *(Salmo 69:26–28 RVR95).* Es muy importante estar conscientes del grave pecado que está involucrado en tal acción, y asegurarnos de no cometerlo. Aquí hay otra referencia al respecto: *"Dios de mi alabanza, no calles, porque boca de impío y boca de engañador se han abierto contra mí; han hablado de mí con lengua mentirosa. Con palabras de odio me han rodeado y pelearon contra mí sin causa"* *(Salmo 109:1–3 RVR95).* Es de especial importancia abstenerse de hablar mal del hermano que está siendo azotado, no sea que nos equivoquemos en nuestras apreciaciones. Este mismo salmo continúa añadiendo: *"Pon sobre él al impío y Satanás esté a su diestra"* *(Salmo 109:6 RVR95).* El rey David padeció debido a que algunos pensaron y hablaron mal de él cuando Dios lo hizo pasar por tiempos difíciles, lo cual lo inspiró a escribir este salmo. El Señor Jesús también padeció por esta misma causa, cuando Judas Iscariote lo juzgó mal, habló mal y actuó mal contra Él. En ambos casos las palabras de este salmo tuvieron aplicación en sus vidas. Y por supuesto, nosotros también podríamos padecer por esta misma causa. David sigue diciendo en este salmo: *"Yo he sido para ellos objeto de oprobio; me miraban y, burlándose, meneaban su cabeza"* *(Salmo 109:25 RVR95).* Pero mucho más grave todavía sería si no somos nosotros las víctimas, como David o como el Señor Jesús, sino si somos nosotros los que pensamos, hablamos, y actuamos mal contra quien está siendo azotado por Dios. Nuestra actitud ante el hermano que está siendo probado o azotado por Dios debe ser más bien de misericordia: *"...por cuanto no se acordó de hacer misericordia, y persiguió al hombre afligido y menesteroso, al quebrantado de corazón..."* *(Salmo 109:16 RVR95).* El hermano a quien Dios está azotando, contra quien estamos pensando y hablando mal, podría orar contra nosotros: *"¡Ayúdame, Jehová, Dios mío! ¡Sálvame conforme a tu misericordia! Y entiendan que esta es tu mano; que tú, Jehová, has hecho esto. Maldigan ellos, ¡pero bendice tú! Levántense, pero sean avergonzados, y que se regocije tu siervo. Sean vestidos de ignominia los que me calumnian; ¡sean cubiertos de confusión como con manto!" (Salmo 109:26–29 RVR95).*

Tengamos cuidado de no juzgar, de no hablar mal y de no intervenir para perjudicar a nuestro hermano que está siendo probado o azotado por Dios, puesto que desconocemos lo que el Señor está haciendo en su vida y es un asunto entre Dios y nuestro hermano. La parte que sí nos corresponde a nosotros al ver a nuestro prójimo en tal situación más bien debe ser de tener misericordia de él y ayudarle a salir adelante, con corazón limpio y desinteresado; procurando el bien y la edificación de nuestro hermano y que el propósito de Dios se cumpla en su vida.

1.13   No es necesario saber lo que Dios está haciendo para obedecerle

El ser humano, por lo general, tiene la tendencia a no respetar a sus autoridades. Mucha gente al conducir su automóvil, cada vez que puede, no respeta los señalamientos de tránsito, y si lo hace no es porque desee hacerlo, sino más bien por temor a ser sorprendido por la policía y tener que pagar una multa. De igual manera, muchos procuran evadir el pago de impuestos; otros no respetan los reglamentos de seguridad establecidos por la fábrica o industria donde trabajan; muchos jóvenes no hacen caso de las indicaciones que les dan sus padres. Y en general, hay una fuerte inclinación en la sociedad en el sentido de no tener mucho respeto por el policía, por el maestro en el salón de clases, por el pastor de la iglesia, por el jefe en el trabajo, etc. Frecuentemente las autoridades tienen que emplear la fuerza para hacerse respetar; tienen que aplicar sanciones y castigos a la gente que no se sujeta u obedece, para asegurar que todo mundo cumpla con lo que las leyes o los reglamentos exigen. El Señor en Su palabra nos da instrucciones claras acerca de este asunto: *"Sométase toda persona a las autoridades superiores; porque no hay autoridad sino de parte de Dios, y las que hay, por Dios han sido establecidas. De modo que quien se opone a la autoridad, a lo establecido por Dios resiste; y los que resisten, acarrean condenación para sí mismos. Porque los magistrados no están para infundir temor al que hace el bien, sino al malo. ¿Quieres, pues, no temer la autoridad? Haz lo bueno, y tendrás alabanza de ella; porque es servidor de Dios para tu bien. Pero si haces lo malo, teme; porque no en vano lleva la espada, pues es servidor de Dios, vengador para castigar al que hace lo malo. Por lo cual es necesario estarle sujetos, no solamente por razón del castigo, sino también por causa de la consciencia. Pues por esto pagáis también los tributos, porque son servidores de Dios que atienden continuamente a esto mismo. Pagad a todos lo que debéis: al que tributo, tributo; al que impuesto, impuesto; al que respeto, respeto; al que honra, honra"* (Romanos 13:1–7 RVR 1960).

Cuando una autoridad da una orden o un requerimiento obligatorio, mucha gente considera lo que se les ha ordenado, y si no entiende la razón de ser de dicha orden, si no está de acuerdo con ella, o si no cree que pueda traer algún beneficio, no la respeta o procura no respetarla. Esto perjudica y trastorna a todos los niveles; es una situación que se presenta aun dentro de las familias cristianas. En algunas organizaciones, como en el ejército, en la policía, etc., se exige a todos sus miembros que respeten las líneas de autoridad que han sido establecidas, y hay severas sanciones para quienes no las respeten. En el ejército, cuando una autoridad superior da una orden, se espera que sus subordinados obedezcan sin importar si entienden o no las razones por las que fue dada dicha orden; se espera que se obedezca sin importar si les parece bien, si están de acuerdo con los razonamientos de su autoridad superior, o si creen que exista una mejor manera de hacer las cosas. Comúnmente sucede que las autoridades militares tienen alguna información secreta o confidencial para dar dicha orden, la cual no se comparte con los soldados subordinados por motivos de seguridad. Simplemente se espera que estos obedezcan la orden al pie de la letra, en forma completa, inmediata y sin replicar.

Y si acaso la orden fue equivocada, y si el ejecutarla ocasiona algún problema o genera una mala consecuencia, el responsable no es quien ejecutó la acción, sino quien dio la orden.

Quien no se somete a sus autoridades deja ver que en su corazón hay soberbia y rebeldía. No les gusta reconocer a una autoridad superior ni someterse a ella, cuestionan y contradicen cada punto de las órdenes que se les dan, quieren siempre hacer su voluntad y no tener que buscar el consentimiento de nadie para hacer lo que desean. Pero algunos otros, también rebeldes, manifiestan su rebeldía de una manera un poco más suave y menos confrontativa: obedecerán a la autoridad siempre y cuando puedan entender y aprobar las razones por las que se les dio dicha orden. Les es necesario que la autoridad se siente con ellos a explicarles por qué y para qué deben hacer lo que se les pide y los convenza de realizar ese proyecto o acción; y si la autoridad no logra convencerlos, no obedecerán. O quizás sí obedecerán en parte, pero ejecutarán sólo la parte de las instrucciones con las que están de acuerdo o que creen convenientes y harán modificaciones, omisiones o añadiduras al resto del plan ordenado por su superior, adecuándolo a lo que ellos consideran que es mejor. Pero este no es el modelo que enseña la Biblia. En la palabra de Dios se nos hace un llamado a obedecer a nuestras autoridades, aunque no entendamos, aunque no estemos de acuerdo o aunque no nos parezca correcto o razonable lo que se nos manda. La autoridad debe respetarse y sus órdenes se deben obedecer siempre tal como nos han sido dadas, inmediatamente, y de buena gana.

Para tal efecto, es muy importante identificar y tener claro quiénes son nuestras autoridades, ya que no estamos obligados a obedecer las órdenes que nos dé cualquier persona; sino sólo las órdenes provenientes de quienes verdadera y legítimamente son autoridades sobre nosotros. Al pensar en esto, podemos encontrar un buen número de autoridades sobre nosotros. Entre ellas encontramos a nuestros padres, especialmente quienes todavía están bajo su tutela: *"Hijos, obedeced en el Señor a vuestros padres; porque esto es justo"* (Efesios 6:1 RVR 1909). Otra autoridad es el esposo: *"Las casadas estén sujetas a sus propios maridos, como al Señor, porque el marido es cabeza de la mujer, así como Cristo es cabeza de la iglesia, la cual es su cuerpo, y él es su Salvador. Así que, como la iglesia está sujeta a Cristo, así también las casadas lo estén a sus maridos en todo" (Efesios 5:22–24 RVR95).* Otra autoridad, como vimos arriba, es el gobierno nacional y local del país, del estado y de la ciudad donde vivimos (Romanos 13:1–7). Otra autoridad más, muy importante, es el pastor de la iglesia: *"Obedeced a vuestros pastores, y sujetaos a ellos; porque ellos velan por vuestras almas, como quienes han de dar cuenta; para que lo hagan con alegría, y no quejándose, porque esto no os es provechoso" (Hebreos 13:17 RVR 1960).* Y podemos encontrar otro buen número de autoridades sobre nosotros: el jefe en el trabajo, el maestro en el salón de clase, el piloto del avión o el chofer del autobús en el que viajamos, la enfermera que nos permite o niega el paso y nos da indicaciones cuando vamos a visitar a alguien al hospital, el rescatista que está encargado de proveer ayuda a la población en caso de un desastre natural o de un atentado terrorista, el vigilante o encargado de la seguridad en el supermercado o en el centro comercial; el guardabosque, cuando andamos en un día de campo; el encargado de la caseta de cobro en el autopista, si vamos a utilizar dicha vía de transporte, etc. Todos ellos, en su momento y según la ocasión, pueden ser autoridades sobre nosotros.

Pero es necesario señalar un detalle extremadamente importante en el texto de Efesios 6:1 que consideramos hace un momento: *"Hijos, obedeced en el Señor a vuestros padres...".* Aquí encontramos algo de vital importancia que nos enseña la palabra de Dios, cuando dice: *"en el Señor".* Esto significa que nuestra obediencia, ya sea a los padres, o a cualquier otra autoridad humana, debe estar condicionada a que las órdenes de dicha autoridad no se opongan o contradigan los mandamientos de Dios. Podemos ver un ejemplo acerca de esto en la respuesta que dieron los apóstoles Pedro y Juan a la autoridad constituida por el concilio judío, cuando les ordenaron que no predicaran el evangelio: *"Y llamándolos, les intimaron que en ninguna manera hablasen ni enseñasen en el nombre de Jesús. Mas Pedro y Juan respondieron diciéndoles: Juzgad si es justo delante de Dios obedecer a vosotros antes que a Dios" (Hechos 4:18–19 RVR 1960).* La Biblia nos instruye claramente también que aquellos hijos de Dios a quienes les sea dado vivir durante la gran tribulación que ocurrirá más adelante, según está profetizado (Mateo 24:21), no deberán someterse a las órdenes del gobierno secular de ese tiempo que les prohibirá adorar a Dios y les exigirá renunciar a su fe en Cristo, ni deberán permitir que la autoridad civil les ponga una marca en su frente o en su mano, lo cual significaría su sometimiento voluntario a dicha autoridad maligna: *"Y un tercer ángel los siguió, diciendo a gran voz: Si alguno adora a la bestia y a su imagen y recibe la marca en su frente o en su mano, él también beberá del vino de la ira de Dios, que ha sido vaciado puro en el cáliz de su ira; y será atormentado con fuego y azufre delante de los santos ángeles y del Cordero. El humo de su tormento sube por los siglos de los siglos. No tienen reposo de día ni de noche los que adoran a la bestia y a su imagen, ni nadie que reciba la marca de su nombre" (Apocalipsis 14:9–11 RVR95).* Los hijos de Dios que vivan en ese tiempo de la gran tribulación deberán estar dispuestos a morir antes que a someterse a las autoridades humanas que se opongan a Cristo. El castigo que dará el gobierno de la bestia a los cristianos que resistan sus órdenes y las desobedezcan, y que conserven su fe en Cristo en contra de la ley, será perder sus cabezas, es decir, la decapitación: *"Y vi tronos, y se sentaron sobre ellos los que recibieron facultad de juzgar, y vi las almas de los decapitados por causa del testimonio de Jesús y por la palabra de Dios, los que no habían adorado a la bestia ni a su imagen, y que no recibieron la marca en sus frentes ni en sus manos; y vivieron y reinaron con Cristo mil años" (Apocalipsis 20:4 RVR 1960).*

Siguiendo la línea de lo que hemos visto hasta ahora, podemos afirmar que puesto que Dios es nuestra máxima autoridad, cuando Él nos da una orden, debemos obedecerle sin importar si entendemos o no las razones que tiene para darnos dicha orden; y debemos obedecerle sin importar si nos parece bien o si estamos de acuerdo. Si en verdad Dios es nuestro Señor, entonces le obedeceremos. Y quien consciente y voluntariamente le desobedece, se presta para utilizar herramientas y procedimientos que no son de Dios, sino de Satanás, quien es el padre de las desobediencias. Si en verdad somos de Dios, entonces procuraremos obedecer Su palabra en forma completa, inmediata e incondicional.

Como vimos en mayor detalle en secciones anteriores, a veces nos es dado saber por qué y para qué hace Dios lo que hace, pero en muchas otras ocasiones no nos es dado saberlo; sin embargo, en ambos casos Dios espera que tengamos la misma disposición para obedecerle. Podemos ver una ilustración de este segundo caso en la historia de Abraham, quien fue muy prosperado por Dios en el aspecto material, de manera que llegó a tener una gran hacienda con muchos criados (Génesis 14:14) y también a amasar una gran fortuna: *"Y Abram era riquísimo en ganado, en plata y oro" (Génesis 13:2 RVR 1909)*. Sin embargo Abraham, cuyo nombre antes había sido Abram (Génesis 17:5), estaba triste porque Dios no le había dado hijos, y estaba también preocupado porque no tenía a quien heredarle sus posesiones cuando llegara el tiempo de su muerte: *"Dijo también Abram: Mira que no me has dado prole, y he aquí que será mi heredero un esclavo nacido en mi casa" (Génesis 15:3 RVR 1960)*. Dios dio consuelo y ánimo a Abraham prometiéndole que le daría no sólo el hijo que tanto deseaba, sino una gran descendencia: *"Luego vino a él palabra de Jehová, diciendo: No te heredará éste, sino un hijo tuyo será el que te heredará. Y lo llevó fuera, y le dijo: Mira ahora los cielos, y cuenta las estrellas, si las puedes contar. Y le dijo: Así será tu descendencia" (Génesis 15:4–5 RVR 1960)*. Dios le hizo una promesa a Abraham acerca de este asunto, y Abraham creyó a Dios: *"Y creyó a Jehová, y le fue contado por justicia" (Génesis 15:6 RVR 1960)*.

Como la promesa de Dios tardaba en cumplirse, Abraham, por consejo de su esposa Sara, se precipitó a tener un hijo con una de sus criadas (Génesis 16:1,2,15). Sin embargo, el plan de Dios, el cual estaba ligado a la promesa que había hecho a Abraham anteriormente, era proveerle un heredero a través de su esposa. El Señor cumplió Su palabra tal como lo había prometido: *"Visitó Jehová a Sara, como había dicho, e hizo Jehová con Sara como le había prometido. Sara concibió y dio a Abraham un hijo en su vejez, en el plazo que Dios le había dicho. Al hijo que le nació, y que dio a luz Sara, Abraham le puso por nombre Isaac"* (Génesis 21:1–3 RVR95).

Por demás está decir que Abraham amó a Isaac con un amor muy grande. Sin embargo, algunos años después Dios le dio a Abraham una orden muy extraña: le ordenó que le ofreciera en sacrificio aquel hijo que le prometió en el pasado: *"Aconteció después de estas cosas, que probó Dios a Abraham, y le dijo: Abraham. Y él respondió: Heme aquí. Y dijo: Toma ahora tu hijo, tu único, Isaac, a quien amas, y vete a tierra de Moriah, y ofrécelo allí en holocausto sobre uno de los montes que yo te diré"* (Génesis 22:1–2 RVR 1960). Seguramente habría parecido a Abraham que esta orden que Dios le daba no tenía sentido; ¿cómo después de haber recibido la promesa de Dios de que le daría un hijo que heredaría su hacienda, y después de haber visto el cumplimiento milagroso de dicha promesa, dada la avanzada edad tanto de Abraham como de Sara, ahora se disponía a quitárselo? Y más aún, Dios no tomaría al hijo de Abraham por la fuerza, sino que esperaba que este se lo ofreciera voluntariamente. Abraham no sabía lo que Dios estaba haciendo, sin embargo a nosotros sí se nos dice a través de la Biblia que Dios lo hacía para probarlo, para observar si obedecería o no: *"Aconteció después de estas cosas, que probó Dios a Abraham..."* (Génesis 22:1 RVR 1960).

Por su parte, Abraham no se detuvo por no entender, por no estar de acuerdo o porque no le pareciera bien, sino que obedeció la orden de Dios cabalmente, sin replicar, e inmediatamente. Esa buena actitud de Abraham era algo que su familia seguramente ya había observado en él desde tiempo atrás, y esto se refleja en el hecho de que su hijo Isaac reaccionó de la misma manera, obedeciendo la orden de su padre de dejarse sacrificar, sin replicar: *"Después dijo Isaac a Abraham, su padre: Padre mío. Él respondió: Aquí estoy, hijo mío. Isaac le dijo: Tenemos el fuego y la leña, pero ¿dónde está el cordero para el holocausto? Abraham respondió: Dios proveerá el cordero para el holocausto, hijo mío. E iban juntos. Cuando llegaron al lugar que Dios le había dicho, edificó allí Abraham un altar, compuso la leña, ató a Isaac, su hijo, y lo puso en el altar sobre la leña"* (Génesis 22:7–9 RVR95). En el momento en que Isaac se dio cuenta de que él era el que iba a ser sacrificado, seguramente hubiera podido correr escapando de su padre, puesto que él era joven y su padre anciano, y estaban ellos dos solos; quizás también podría haberle dicho alguna palabra grosera al escapar, o incluso haber golpeado o hecho daño a su padre. Pero no leemos en el texto bíblico que lo haya hecho, sino que decidió someterse a la autoridad de su padre y obedecerle hasta la muerte, sin replicar. Isaac no tuvo mucho tiempo para pensarlo; pensó rápido y decidió correctamente en favor de la obediencia.

Por supuesto que nunca fue el propósito de Dios invalidar la promesa que le había dado a Abraham previamente, sino solamente observar y verificar si este le obedecería o no. Y habiendo observado Dios la obediencia de Abraham, hizo detener el sacrificio: *"Extendió luego Abraham su mano y tomó el cuchillo para degollar a su hijo. Entonces el ángel de Jehová lo llamó desde el cielo: ¡Abraham, Abraham! Él respondió: Aquí estoy. El ángel le dijo: No extiendas tu mano sobre el muchacho ni le hagas nada, pues ya sé que temes a Dios, por cuanto no me rehusaste a tu hijo, tu único hijo"* (Génesis 22:10–12 RVR95). Y puesto que Dios se agradó de la disposición de Abraham para obedecerlo, por encima de sus deseos e intereses personales y familiares, le prometió todavía mayor bendición: *"Llamó el ángel de Jehová a Abraham por segunda vez desde el cielo, y le dijo: Por mí mismo he jurado, dice Jehová, que por cuanto has hecho esto y no me has rehusado a tu hijo, tu único hijo, de cierto te bendeciré y multiplicaré tu descendencia como las estrellas del cielo y como la arena que está a la orilla del mar; tu descendencia se adueñará de las puertas de sus enemigos. En tu simiente serán benditas todas las naciones de la tierra, por cuanto obedeciste a mi voz"* (Génesis 22:15–18 RVR95).

A través del ejemplo de Abraham, Dios nos enseña en Su palabra que cuando Él nos da una orden no debemos esperar hasta entender, hasta estar de acuerdo, o hasta que nos parezca bien lo que nos ha ordenado; sino que le debemos obedecer en forma completa, inmediata, y sin replicar. Y a través del ejemplo de Isaac, Dios nos enseña que es Su voluntad que obedezcamos igualmente a nuestras autoridades humanas bajo las cuales Él nos ha puesto, incluso hasta la muerte, siempre y cuando las órdenes de nuestras autoridades humanas no se opongan o contradigan las órdenes de Dios.

1.14 Frecuentemente no tenemos la visión completa de la obra que Dios está haciendo

Dios es el Creador de este mundo. Creó la tierra, todos los animales, árboles y plantas que hay en ella. Hizo los mares y la innumerable cantidad de seres vivos que habitan en ellos. Hizo las estrellas, los cometas, los asteroides, las galaxias y todo objeto que existe en el espacio sideral. Dios hizo también el micro-mundo, las células, las bacterias, las moléculas, los átomos, las partículas subatómicas, etc. No sólo creó Dios todo esto, sino que aun el día de hoy continúa teniendo cuidado y absoluto control sobre todas estas cosas: *"Todas las cosas por él fueron hechas, y sin él nada de lo que ha sido hecho, fue hecho"* (Juan 1:3 RVR 1960). (Vea además Hebreos 1:2–3). Y no creó Dios solamente el universo físico, sino que también creó el universo espiritual. Dios creó también al hombre, el cual es la obra cumbre de Su creación, ya que fue hecho a imagen y semejanza suya (Génesis 1:26). El Señor está al pendiente del acontecer humano en la actualidad. El trabajo creador de Dios no es exclusivamente parte del pasado, sino que también el día de hoy realiza proyectos a lo largo y ancho del universo, muchos de los cuales tienen qué ver con el ser humano, con usted y conmigo, y forman parte de lo que llamamos historia universal.

El Señor hace muchas de Sus obras en un momento, en un instante. Pero otras de Sus obras toman largos períodos de tiempo en realizarse. Cuando Dios hace una de Sus obras rápidamente, puede ser relativamente más sencillo para nosotros darnos cuenta de qué es lo que está haciendo, y quizás también podamos entender más fácilmente por qué y para qué hace lo que hace. Como ejemplo de obras de Dios hechas rápidamente podemos mencionar las dos ocasiones cuando el Señor Jesús multiplicó los panes y los peces (Mateo 14:13–21, Mateo 15:32–38, Mateo 16:9–10). En ambas ocasiones muchos de los que estuvieron presentes se dieron cuenta rápida y fácilmente de qué era lo que Cristo estaba haciendo delante de sus ojos, y el propósito que tenía en mente al hacerlo: *"Y Jesús, llamando a sus discípulos, dijo: Tengo compasión de la gente, porque ya hace tres días que están conmigo, y no tienen qué comer; y enviarlos en ayunas no quiero, no sea que desmayen en el camino"* (Mateo 15:32 RVR 1960).

Pero hay otras ocasiones en las que Dios no hace Sus obras con tanta rapidez, y entonces no nos resulta tan fácil saber exactamente qué es lo que está haciendo, ni mucho menos las razones que puede tener para realizar dichas obras. Podemos considerar como ejemplo cuando el pueblo de Israel entró en Egipto y habitó en ese país por más de 400 años y luego fue sacado de allí con gran poder de lo alto.

Desde mucho antes de la llegada de los descendientes de Israel a Egipto ya Dios había anunciado a Abraham que tal evento ocurriría. Tal parece que el sufrimiento de la descendencia de Israel hubiera sido ocasionado porque Abraham, el abuelo de Israel (antes llamado Jacob), aunque creyó a Dios y le fue contado por justicia, de todos modos pidió una señal para poder creer mejor: *"Entonces lo llevó fuera y le dijo: Mira ahora los cielos y cuenta las estrellas, si es que las puedes contar. Y añadió: Así será tu descendencia. Abram creyó a Jehová y le fue contado por justicia. Jehová le dijo: Yo soy Jehová, que te saqué de Ur de los caldeos para darte a heredar esta tierra. Abram respondió: Señor Jehová, ¿en qué conoceré que la he de heredar?"* (Génesis 15:5–8 RVR95). Ante tal pregunta, Dios hizo un pacto con Abraham mediante la preparación de un sacrificio, de acuerdo a la ceremonia utilizada (Jeremías 34:18–19) para confirmar pactos: *"Y le dijo: Tráeme una becerra de tres años, y una cabra de tres años, y un carnero de tres años, una tórtola también, y un palomino. Y tomó él todo esto, y los partió por la mitad, y puso cada mitad una enfrente de la otra; mas no partió las aves"* (Génesis 15:9–10 RVR 1960). Aunque Abraham creyó a Dios y le fue contado por justicia, y aunque Dios hizo un pacto con Abraham, aun así en seguida dijo

Dios a Abraham: *"Entonces Jehová dijo a Abraham: Ten por cierto que tu descendencia morará en tierra ajena, y será esclava allí, y será oprimida cuatrocientos años. Mas también a la nación a la cual servirán, juzgaré yo; y después de esto saldrán con gran riqueza"* (Génesis 15:13–14 RVR 1960). Además, le dijo el Señor que cuatro generaciones serían las que morarían en Egipto: *"Y en la cuarta generación volverán acá..."* (Génesis 15:16 RVR 1909).

Para entender mejor lo anterior, podemos comparar dicha situación con otra semejante, cuando el ángel Gabriel le anunció al sacerdote Zacarías que tendría un hijo, el cual vendría a ser Juan el Bautista (Lucas 1:11–15). Zacarías no creyó la palabra del ángel tal como le fue dada, sino que pidió una señal para poder creer: *"Y dijo Zacarías al ángel: ¿En qué conoceré esto? Porque yo soy viejo, y mi mujer es de edad avanzada"* (Lucas 1:18 RVR 1960). Al ángel le molestó que Zacarías dudara de sus palabras y lo castigó: *"Respondiendo el ángel, le dijo: Yo soy Gabriel, que estoy delante de Dios; y he sido enviado a hablarte, y darte estas buenas nuevas. Y ahora quedarás mudo y no podrás hablar, hasta el día en que esto se haga, por cuanto no creíste mis palabras, las cuales se cumplirán a su tiempo"* (Lucas 1:19–20 RVR 1960). En el caso de Abraham, aunque creyó a Dios, y le fue contado por justicia, como el texto bíblico lo dice claramente (Génesis 15:6), todo parece indicar que debió haber tomado la palabra que Dios le daba, tal como se le daba, y no pedir señal. Sólo porque Dios lo dijo, debía ser suficiente para que Abraham creyera, sin necesidad de pedir una señal. El pedir una señal fue reflejo de que aunque deseaba creer a Dios, como quiera luchaba un poco en su mente para poder confiar al cien por ciento creyendo la palabra que Dios le daba; una situación semejante a la que vivió el sacerdote Zacarías, lo cual ameritaría un castigo al igual que Zacarías.

Abraham engendró a Isaac, e Isaac a Israel. Y cuando llegó el tiempo del cumplimiento de lo que Dios había dicho a Abraham, Israel y sus hijos entraron en Egipto: *"Y se levantó Jacob de Beerseba; y tomaron los hijos de Israel a su padre Jacob, y a sus niños, y a sus mujeres, en los carros que Faraón había enviado para llevarlo. Y tomaron sus ganados, y sus bienes que habían adquirido en la tierra de Canaán, y vinieron a Egipto, Jacob y toda su descendencia consigo; sus hijos, y los hijos de sus hijos consigo; sus hijas, y las hijas de sus hijos, y a toda su descendencia trajo consigo a Egipto" (Génesis 46:5–7 RVR 1960).* Los hijos de Israel que entraron en Egipto seguramente habrían sabido lo que Dios había revelado a su antepasado Abraham acerca de lo que les acontecería en dicha nación; sin embargo, se vieron obligados a emigrar allá por causa del hambre que había sobrevenido a la tierra de Canaán (Génesis 42:1–2), y motivados también por el hecho de que José, el hijo a quien Israel tanto amaba, era el Primer Ministro de ese país y los invitaba. Además, Dios mismo habló a Jacob diciéndole que fuera a Egipto (Génesis 46:2–4). Pero aunque hubieran sabido lo que Dios le anunció a Abraham, acerca de que serían oprimidos como esclavos por 400 años en esa nación, sus ojos no lo vieron. Lo único que esa generación pudo ver durante su tiempo de vida fue su angustiosa salida de la tierra de Canaán por causa del hambre, y sus magníficas condiciones a su llegada a la tierra de Egipto; una situación realmente excelente que les tocaba vivir bajo la protección de José. Faraón generosamente los había invitado a ir a vivir a Egipto y les había ofrecido encargarse de su situación económica (Génesis 45:17–20). Y Dios hizo prosperar a esa primera generación de los hijos de Israel en Egipto mientras José vivía: *"Murieron José, todos sus hermanos y toda aquella generación. Pero los hijos de Israel fructificaron y se multiplicaron, llegaron a ser numerosos y fuertes en extremo, y se llenó de ellos la tierra" (Éxodo 1:6–7 RVR95).*

Sin embargo, más adelante las circunstancias cambiaron conforme a lo que Dios había dicho a Abraham. Habiendo muerto José, lo que vio la siguiente generación de los hijos de Israel fue diferente a lo que vio la generación que entró en Egipto: *"Entretanto, se levantó sobre Egipto un nuevo rey que no conocía a José, y dijo a su pueblo: Mirad, el pueblo de los hijos de Israel es más numeroso y fuerte que nosotros. Ahora, pues, seamos sabios para con él, para que no se multiplique y acontezca que, en caso de guerra, él también se una a nuestros enemigos para pelear contra nosotros, y se vaya de la tierra. Entonces pusieron sobre ellos comisarios de tributos para que los oprimieran con sus cargas..." (Éxodo 1:8–11 RVR95).* Sus ojos vieron el bien de la generación anterior, y pasaron a ver una realidad diferente. Les fue quitada su posición de privilegio y fueron hechos esclavos. La situación se volvió todavía más grave para la tercera generación de los hijos de Israel, al punto que gemían a causa de la servidumbre a la que habían sido sometidos (Éxodo 2:23). Esa generación no vio buenos tiempos; nació y murió en servidumbre. Sin duda habrían sabido acerca de los buenos tiempos que vivieron sus antepasados, pero a esta nueva generación todo lo que le fue dado ver fueron tiempos de aflicción y de dificultad. Y posteriormente vino una cuarta generación que nació en esclavitud, pero que tuvo el privilegio de experimentar la salvación de Dios, siendo sacada de Egipto con Su gran poder, y teniendo oportunidad de ver las maravillas con las que azotó Dios a sus opresores, para luego cruzar el mar rojo caminando en seco hacia la libertad.

Todas estas generaciones tuvieron parte dentro de ese mismo gran proyecto de Dios, pero a la vez, cada una de ellas vio algo diferente con respecto a lo que vieron las otras. Cada una de las cuatro generaciones que vivieron en Egipto tuvo oportunidad de observar sólo una parte de la realidad, puesto que su tiempo de vida era corto en comparación con el tiempo que tomó la realización de todo el proyecto: *"El tiempo que los hijos de Israel habitaron en Egipto, fue cuatrocientos treinta años"* (Éxodo 12:40 RVR 1909). La última generación, la que salió de Egipto, aunque sólo vio con sus propios ojos la última parte de lo que Dios hizo, fue la que tuvo oportunidad de comprender un poco mejor todo lo sucedido, ya que fue la única de las cuatro que pudo considerar la totalidad de lo que había acontecido, mirando retrospectivamente.

De la misma manera nosotros, el día de hoy, es muy posible que no podamos observar la obra completa que Dios está realizando en nuestro entorno y a través de nosotros. Es muy posible que sólo podamos ver y comprender una pequeña parte de una gran obra que quizás Dios esté realizando hoy, en la cual nosotros podríamos estar teniendo parte.

1.15   No sabemos de qué cosas nos protege el Señor

Hay problemas y desastres que nos podrían ocurrir de los cuales el Señor nos libra; Dios nos protege impidiendo que sucedan sin que nosotros nos enteremos de Su intervención protectora. Una acción que realizamos trae consecuencias, las cuales a su vez provocan otras consecuencias, generándose así una serie de eventos en cadena cuyos resultados finales, buenos o malos, muchas veces es imposible que los podamos prever el día de hoy. Sin embargo, Dios sí puede ver hacia el futuro la reacción que producirá nuestra acción, la cual a su vez generará consecuencias adicionales una y otra vez, hasta llegar a un resultado final. Con frecuencia nos proponemos hacer cosas que creemos que son buenas, pero que sin que lo sepamos, en realidad traerán malas consecuencias. El Señor, quien tiene una capacidad infinita para prever los resultados mucho más allá de lo que nosotros podemos, continuamente nos libra de dificultades y de males poniendo estorbos o impedimentos para que no llevemos a cabo actividades que Él sabe que traerán consecuencias perjudiciales.

A veces, sin proponérnoslo, Dios nos lleva a involucrarnos en situaciones que no esperábamos, y a llevar a cabo acciones que nunca hubiéramos pensado realizar. Pero en otras ocasiones, por el contrario, teniendo el plan de hacer alguna cosa, vemos en forma clara que no fuimos prosperados por el Señor, o quizás podríamos decir que fuimos estorbados: *"Y atravesando Frigia y la provincia de Galacia, les fue prohibido por el Espíritu Santo hablar la palabra en Asia; y cuando llegaron a Misia, intentaron ir a Bitinia, pero el Espíritu no se lo permitió. Y pasando junto a Misia, descendieron a Troas. Y se le mostró a Pablo una visión de noche: un varón macedonio estaba en pie, rogándole y diciendo: Pasa a Macedonia y ayúdanos. Cuando vio la visión, en seguida procuramos partir para Macedonia, dando por cierto que Dios nos llamaba para que les anunciásemos el evangelio"* (Hechos

16:6–10 RVR 1960). El Señor tiene diversas maneras de comunicarse, de dirigir y de librar a los Suyos.

Para ilustrar las ideas que estamos considerando, vamos a analizar el caso del rey Ezequías. Ezequías fue rey de Judá, descendiente directo del rey David. Empezó a reinar a los 25 años de edad, y reinó en Jerusalén 29 años (2 Reyes 18:1–2), es decir, que vivió 54 años. Hizo lo recto delante de Dios, de acuerdo a todo lo que Dios había ordenado al pueblo a través de Moisés. Combatió el culto a otros dioses, reparó el templo que estaba en ruinas, restauró el culto a Jehová, y promovió que la nación anduviera en obediencia al Dios verdadero. Cabe notar que su padre, el rey Acaz, había sido un mal rey, haciendo todo lo contrario, andando perdidamente, ofreciendo culto a otros dioses y promoviendo la idolatría entre el pueblo.

Dada la rectitud con la que se conducía Ezequías, Dios estaba con él; y a dondequiera que salía, prosperaba (2 Reyes 18:7). Sin embargo, aún siendo muy joven, a la edad de 39 años, Ezequías enfermó gravemente y Dios le comunicó a través del profeta Isaías que pusiera en orden su casa porque pronto iba a morir. Esta noticia le cayó a Ezequías como un balde de agua fría. ¿Cómo podía Dios cortarle su vida a una edad tan temprana? ¿Cómo es que Dios no le permitiría gozar del fruto de su arduo trabajo que había realizado para Su honra y Su gloria? ¿Cómo es que, siendo que él se había comportado con gran rectitud e integridad en todo delante del Señor, no se le permitiría disfrutar de su posición de rey?

Ezequías oró a Dios con lágrimas por la comunicación que recibió a través del profeta, y Dios escuchó su ruego. Sin embargo, es importante notar que el texto bíblico no dice que Ezequías, al presentar su petición al Señor, haya pedido que fuera hecho siempre y cuando fuera de acuerdo a la voluntad de Dios. Ezequías pidió más vida, y como Dios lo amaba en gran manera, no se lo negó. Pero eso no era lo mejor; evidentemente esa no era la voluntad de Dios. Ante el ruego de Ezequías, Dios ordenó al profeta Isaías que regresara a él, quien se encontraba en su lecho de muerte, y que le dijera de Su parte que le añadiría 15 años más de vida. Sabemos que Ezequías tenía

39 años de edad cuando eso sucedió puesto que vivió 54 años, y su enfermedad de la cual Dios le concedió sanar ocurrió 15 años antes de su muerte.

Pero lamentablemente fue muy malo para Ezequías haber vivido esos 15 años adicionales, fuera de la perfecta voluntad de Dios, ya que tres años después de haber sido sanado de su enfermedad mortal, tuvo un hijo que fue llamado Manasés, quien heredó el trono de la nación de Judá al morir Ezequías. Manasés tenía 12 años cuando comenzó a reinar en el lugar de su padre (2 Crónicas 32:33 y 33:1), puesto que nació 3 años después de que Ezequías fue sanado. El rey Manasés no siguió el ejemplo de su padre, sino que hizo lo malo delante de Dios en gran manera, y guió a la nación también a pecar: *"... y Manasés los indujo a que hiciesen más mal que las naciones que Jehová destruyó delante de los hijos de Israel"* (2 Reyes 21:9 RVR 1960). Todo este mal provocó la ira de Dios y llevó a la nación de Judá a ser severamente castigada, y más adelante a ser deportada a Babilonia (2 Reyes 21:10–15).

Además, habiendo sido Ezequías muy recto delante de Dios antes de su enfermedad, durante los 15 años de vida que le añadió el Señor ya no lo fue tanto puesto que su corazón se enalteció, lo cual manchó la imagen con la que se hubiera ido de este mundo si hubiera muerto en el tiempo que le había señalado el Señor inicialmente: *"En aquel tiempo Ezequías enfermó de muerte; y oró a Jehová, quien le respondió y le dio una señal. Pero Ezequías no correspondió al bien que le había sido hecho, sino que se enalteció su corazón, por lo cual vino la ira contra él, contra Judá y Jerusalén. Pero después de haberse enaltecido su corazón, Ezequías se humilló, él y los habitantes de Jerusalén; por eso no estalló sobre ellos la ira de Jehová en los días de Ezequías"* (2 Crónicas 32:24–26 RVR95). El error de Ezequías fue haber pedido a Dios lo que él deseaba, sin poner atención acerca de si eso iba de acuerdo a la voluntad de Dios o no.

En contraste, cuando el Señor Jesucristo oró a Su Padre en el huerto de Getsemaní, y ante su inminente crucifixión, en Su angustia oró de la siguiente manera: *"Yendo un poco adelante, se postró sobre su rostro, orando y diciendo: Padre mío, si es posible, pase de mí esta copa; pero no sea como yo quiero, sino como tú"* (Mateo 26:39 RVR 1960).

Y sabemos las terribles consecuencias que habrían acontecido si el Señor Jesús no hubiera hecho Su petición diciendo: *"...pero no sea como yo quiero, sino como tú".* Si Dios Padre hubiera apartado del Señor Jesús esa copa, es decir, si no hubiera muerto por nuestros pecados, entonces no habría salvación disponible para nosotros en Cristo, y nadie tendría escapatoria de la condenación eterna en el infierno. El Señor Jesús ha recibido de Dios Padre toda potestad en el cielo y en la tierra (Mateo 28:18), pero en ese momento estaba siendo probado en la debilidad de Su carne. Así es que habiendo sometido el Señor Su voluntad a la de Dios Padre, se aseguró de evitar que sobreviniera un desastre de proporciones catastróficas sobre todo Su pueblo. El Señor Jesús realizó la obra redentora en favor de Su pueblo, es decir, murió para pagar el precio de nuestros pecados, por obediencia a Dios Padre: *"...como el Padre me mandó, así hago..." (Juan 14:31 RVR 1960)*, pero también lo hizo por Su propia voluntad. Él pudo haber suspendido o cancelado Su participación en la obra redentora de Su pueblo si lo hubiera querido: *"¿Acaso piensas que no puedo ahora orar a mi Padre, y que él no me daría más de doce legiones de ángeles? ¿Pero cómo entonces se cumplirían las Escrituras, de que es necesario que así se haga? (Mateo 26:53–54 RVR95),* (vea además Hebreos 5:7). El Señor Jesús decidió voluntariamente completar Su obra redentora con gozo, sabiendo que Su sacrificio libraría de la muerte eterna a Sus siervos: *"...el cual por el gozo puesto delante de él sufrió la cruz, menospreciando el oprobio..." (Hebreos 12:2 RVR 1960).*

Por eso, cuando vienen a nuestras vidas estorbos y dificultades, o situaciones que van en contra de nuestros deseos o de nuestros planes, es necesario que al presentar a Dios Padre nuestras peticiones, pidamos que lo que queremos sea hecho solamente si es Su voluntad; es decir, que no sea hecha nuestra voluntad, sino la Suya, siguiendo el ejemplo del Señor Jesús, y evitando así caer en el error del rey Ezequías. Le expresamos a Dios nuestro deseo, pero lo sometemos bajo Su voluntad.

Es fundamental también tener presente que como siervos e hijos de Dios, Él nos ama y siempre nos da lo mejor, aunque por ahora parezca duro y no lo entendamos, sabiendo que Dios tiene razones para hacer lo que hace, y que lo que les da a Sus hijos es siempre lo mejor; ya sea para ellos, para Su reino, o para ambos.

Igualmente es muy importante tener presente que Dios es soberano, por lo que tiene el derecho de hacer lo que desee en nuestras vidas; no sólo porque tiene el poder para hacerlo, sino también porque nosotros le hemos otorgado el derecho de hacerlo cuando decidimos aceptar su amable invitación a formar parte de Su pueblo, habiéndonos sometido voluntariamente bajo el señorío de Cristo. Como siervos de Dios es muy importante tener cuidado de no oponernos ni rebelarnos ante Sus decisiones y determinaciones.

También es pertinente recordar que Dios es sabio y que conoce el futuro. Y de hecho, no sólo conoce el futuro sino que Él lo diseña y lo implementa: *"¿Nunca has oído que desde tiempos antiguos yo lo hice, y que desde los días de la antigüedad lo tengo ideado? Y ahora lo he hecho venir..." (2 Reyes 19:25 RVR 1960).*

Es muy conveniente que confiemos en Dios, y que al hacer nuestros planes los pongamos delante de Él, pidiéndole que nos bendiga y nos conceda llevarlos a cabo siempre y cuando vayan de acuerdo a Su voluntad, descansando en el hecho de que si no nos los concede será porque seguramente no es lo mejor. Dios siempre tiene razones para hacer lo que hace, las cuales nosotros no tenemos forzosamente que conocer. Y es posible que si no nos concede lo que le pedimos, sea porque esté protegiéndonos de problemas y de males que ni siquiera imaginamos. Pongamos en Sus manos nuestro futuro para recibir de Él lo que Él decida, lo cual será siempre lo mejor.

1.16 Dejar una tarea inconclusa puede traer consecuencias graves que no prevemos ahora

Cuando Dios nos da una orden, siempre tiene una razón para hacerlo, o quizás varias (Job 1:22). Dios se comunica con los Suyos y pone en nuestras mentes y en nuestros corazones lo que desea que hagamos, es decir, nos hace saber cuál es Su voluntad para nosotros: *"Entonces puso Dios en mi corazón que reuniera a los nobles, a los oficiales y al pueblo, para que fueran empadronados según sus familias... (Nehemías 7:5 RVR95).* Él tiene grandes expectativas de nosotros y nos da un buen número de cosas que hacer, tales como compartir el mensaje de salvación con los que están a nuestro alrededor, servir en la iglesia de una u otra manera, apoyar o colaborar en la obra misionera, cantar en el coro de la iglesia, ayudar a los pobres, hospedar a hermanos que vienen de otra ciudad, etc., etc. Haga lo que haga, el cristiano debe reflejar siempre el carácter de Cristo en su vida. Y los hijos de Dios se ocupan en realizar lo que entienden que Él les ha mostrado que deben hacer. Es común que los hijos de Dios realicen durante su vida una gran cantidad de cosas que el Señor verdaderamente esperaba de ellos, pero también es frecuente que no hagan todo lo que Dios les había mandado. Puede ser que lleven a cabo un buen número de cosas, quizás la mayoría de lo que Dios esperaba de ellos, pero también es posible que cuando el Señor los llame a Su presencia, al irse de este mundo, les hayan quedado algunas cosas importantes que debieron haber hecho y que no hicieron.

Lo que Dios nos pide que hagamos hoy es parte de un plan que Él tiene. Si nosotros no hacemos todo lo que el Señor nos ha ordenado, esa falla o negligencia nuestra puede traer repercusiones y afectar negativamente el plan y la obra de Dios, ya sea en el tiempo presente o en el futuro. Como ejemplo de lo anterior podemos considerar el caso de Josué, quien fue un gran líder escogido por Dios para dirigir al pueblo de Israel después de la muerte de Moisés. Sin duda, Josué fue un extraordinario siervo de Dios, ya que no muchos han tenido el privilegio de que se les presente el Señor Jesucristo en persona: *"Estando Josué cerca de Jericó, alzó sus ojos y vio un varón que estaba delante de él, el cual tenía una espada desenvainada en su mano. Y Josué, yendo hacia él, le dijo: ¿Eres de los nuestros, o de nuestros enemigos? El respondió: No; mas como Príncipe del ejército de Jehová he venido ahora. Entonces Josué, postrándose sobre su rostro en tierra, le adoró..." (Josué*

5:13–14 RVR 1960). Es claro que ese varón es Jesucristo, porque se presenta como Príncipe, es decir, como Hijo del Rey, y además acepta la adoración de Josué; un ángel no la hubiera aceptado: *"Yo, Juan, soy el que oyó y vio estas cosas. Después que las hube oído y visto, me postré a los pies del ángel que me mostraba estas cosas, para adorarlo. Pero él me dijo: ¡Mira, no lo hagas!, pues yo soy consiervo tuyo, de tus hermanos los profetas y de los que guardan las palabras de este libro. ¡Adora a Dios!"* (*Apocalipsis 22:8–9 RVR95*). Si ese Príncipe del ejército de Jehová aceptó la adoración de Josué es porque era el Señor Jesucristo mismo.

Puesto que Moisés fue un gran siervo de Dios, no cualquiera podía tomar su lugar. Dios tenía muchas cosas importantes, pero complicadas y difíciles, que esperaba que Josué hiciera estando al frente de la nación israelita; era un gran número de cosas tomando en cuenta que el tiempo de vida de un hombre es relativamente corto. Por tal razón, Dios lo exhortó para que se esforzara: *"Mira que te mando que te esfuerces y seas valiente; no temas ni desmayes, porque Jehová, tu Dios, estará contigo dondequiera que vayas"* (*Josué 1:9 RVR95*). Entre las cosas que Dios tenía para que Josué llevara a cabo estaban el que introdujera al pueblo de Israel a la tierra que les había prometido: *"Mi siervo Moisés ha muerto. Ahora, pues, levántate y pasa este Jordán, tú y todo este pueblo, hacia la tierra que yo les doy a los hijos de Israel"* (*Josué 1:2 RVR95*). También esperaba el Señor que Josué repartiera la tierra al pueblo: *"Esfuérzate y sé valiente: porque tú repartirás a este pueblo por heredad la tierra, de la cual juré a sus padres que la daría a ellos"* (*Josué 1:6 RVR 1909*). Dios esperaba también que Josué guardara cuidadosamente la ley dada al pueblo a través de su antecesor Moisés; y siendo el líder, que guiara a todo el pueblo a hacer lo mismo: *"Solamente esfuérzate y sé muy valiente, para cuidar de hacer conforme a toda la ley que mi siervo Moisés te mandó; no te apartes de ella ni a diestra ni a siniestra, para que seas prosperado en todas las cosas que emprendas. Nunca se apartará de tu boca este libro de la ley, sino que de día y de noche meditarás en él, para que guardes y hagas conforme a todo lo que en él está escrito; porque entonces harás prosperar tu camino, y todo te saldrá bien"* (*Josué 1:7–8 RVR 1960*). Asimismo, Dios esperaba que Josué gobernara al pueblo:

"Entonces ellos respondieron a Josué: Nosotros haremos todas las cosas que nos has mandado, e iremos adondequiera que nos mandes. De la manera que obedecimos a Moisés en todas las cosas, así te obedeceremos a ti; solamente que Jehová, tu Dios, esté contigo, como estuvo con Moisés. Cualquiera que sea rebelde a tu mandamiento y no obedezca tus órdenes en todas las cosas que le mandes, que muera. Tú, solamente esfuérzate y se valiente" (Josué 1:16–18 RVR95). Y además, como comandante en jefe de las fuerzas armadas israelitas, Dios encomendó a Josué la tarea de dirigir al ejército para echar fuera a todos los habitantes del territorio que Dios les estaba dando.

Las naciones que habitaban la tierra prometida al pueblo de Israel era gente que había colmado la paciencia de Dios, haciéndolo enojar con tanta idolatría. Sus ancestros también fueron descendientes de Noé, al igual que los ancestros de los israelitas (Génesis 7:21–23) y por lo tanto tuvieron acceso al conocimiento del Dios verdadero al igual que los hijos de Israel. Pero en algún momento de la historia los habitantes de la tierra de Canaán decidieron tener y adorar otros dioses, enseñando esas abominaciones a sus hijos. Y así como esas naciones decidieron desechar al Dios verdadero, Dios también decidió desecharlos a ellos y dar su tierra a la descendencia de Israel, la cual andaba en Sus caminos, haciendo Su voluntad. Obviamente, la gente que habitaba la tierra que Dios prometió a los israelitas no estaba de acuerdo en dejar que la expulsaran del lugar donde había vivido tanto tiempo, por lo que los hijos de Israel tendrían que pelear y echarla fuera por la fuerza: *"Y habló Jehová a Moisés en los campos de Moab junto al Jordán frente a Jericó, diciendo: Habla a los hijos de Israel, y diles: Cuando hayáis pasado el Jordán entrando en la tierra de Canaán, echaréis de delante de vosotros a todos los moradores del país, y destruiréis todos sus ídolos de piedra, y todas sus imágenes de fundición, y destruiréis todos sus lugares altos; y echaréis a los moradores de la tierra, y habitaréis en ella; porque yo os la he dado para que sea vuestra propiedad... Y si no echareis a los moradores del país de delante de vosotros, sucederá que los que dejareis de ellos serán por aguijones en vuestros ojos y por espinas en vuestros costados, y os afligirán sobre la tierra en que vosotros habitareis. Además, haré a vosotros como yo pensé hacerles a ellos" (Números 33:50–53 y 55–56 RVR 1960).*

Como vimos hace un momento, entre las cosas que Dios ordenó a Josué que hiciera estaba el echar fuera de la tierra prometida a las naciones que la habitaban en ese tiempo; a todas y cada una de las personas que vivían allí (Números 33:52). Josué, al frente de los hijos de Israel, trabajó en ello diligentemente logrando derrotar 31 naciones y tomando sus tierras (Josué 12:7–24), pero aun así no le fue posible hacer el cien por ciento de las cosas que Dios le ordenó. De hecho, hubo un gran número de naciones que Josué y los hijos de Israel no echaron fuera. El tiempo de vida de Josué llegó a su fin y no alcanzó a terminar todo el trabajo que Dios le había encomendado: *"Siendo Josué ya viejo, entrado en años, Jehová le dijo: Tú eres ya viejo, de edad avanzada, y queda aún mucha tierra por poseer. Esta es la tierra que queda: todos los territorios de los filisteos, y todos los de los gesureos; desde Sihor, que está al oriente de Egipto, hasta el límite de Ecrón al norte, que se considera de los cananeos; de los cinco príncipes de los filisteos, el gazeo, el asdodeo, el ascaloneo, el geteo y el ecroneo; también los aveos; al sur toda la tierra de los cananeos, y Mehara, que es de los sidonios, hasta Afec, hasta los límites del amorreo; la tierra de los giblitas, y todo el Líbano hacia donde sale el sol, desde Baal-gad al pie del monte Hermón, hasta la entrada de Hamat; todos los que habitan en las montañas desde el Líbano hasta Misrefotmaim, todos los sidonios..." (Josué 13:1–6 RVR 1960).*

Una de las cosas que Dios ordenó a Josué que hiciera y que no hizo, como vemos en este texto bíblico, fue que arrojara del territorio a la nación de los filisteos, gobernada por sus cinco príncipes, de Gaza, Asdod, Ascalón, Gat y Ecrón. Dios había advertido al pueblo de Israel desde tiempo atrás que era necesario que echaran fuera del territorio a todas las naciones que habitaban allí, porque de no hacerlo les ocasionaría problemas en el futuro. Y sucedió tal como dijo el Señor. Puesto que no los expulsaron, en particular a esta nación de los filisteos, algunos años después, en tiempos de los jueces de Israel, como Sansón; y en tiempos de los reyes, como Saúl y David, los filisteos fueron un terrible dolor de cabeza para la nación israelita.

Ese gran problema pudo haberse evitado si Josué y el pueblo de Israel hubieran expulsado de la tierra a los filisteos cuando Dios les dijo que lo hicieran.

En este caso, el hecho de que el trabajo no se llevara a cabo no fue culpa de Josué; no fue porque él hubiera sido negligente o perezoso, sino porque el pueblo de Israel se prestó a andar en pecado, y debido a esto Dios no les dio tener buen éxito en expulsar a las naciones cananeas. Josué se esforzó por realizar la tarea, como Dios le ordenó, pero el Señor no entregó la victoria en sus manos: *"Y la ira de Jehová se encendió contra Israel, y dijo: Por cuanto este pueblo traspasa mi pacto que ordené a sus padres, y no obedece a mi voz, tampoco yo volveré más a arrojar de delante de ellos a ninguna de las naciones que dejó Josué cuando murió; para probar con ellas a Israel, si procurarían o no seguir el camino de Jehová, andando en él, como lo siguieron sus padres. Por esto dejó Jehová a aquellas naciones, sin arrojarlas de una vez, y no las entregó en mano de Josué"* (Jueces 2:20–23 RVR 1960).

Es muy importante andar en rectitud y en obediencia delante del Señor, para que Él dé buen éxito a nuestros proyectos, y para que Su propósito sea cumplido en nosotros y a través de nosotros. Y ya sea por negligencia o pereza de nuestra parte, o porque el Señor no prospera Sus planes y propósitos en nuestras vidas; sea cual sea la causa por la que la tarea no se lleve a cabo, si el trabajo que se necesita hacer no se realiza, habrán consecuencias en el futuro.

Josué no dejó esa tarea inconclusa a propósito. Sin duda habría sido su deseo realizarla hasta el fin; y el dejar la tarea sin terminar seguramente habría sido en contra de su voluntad. Sin embargo, en el tiempo en que él se fue de este mundo, cuando el Señor lo llamó a Su presencia, es muy probable que Josué ni siquiera hubiera alcanzado a imaginar la gravedad del problema que ocasionaría a la nación en el futuro el que la tarea quedara inconclusa. De la misma manera el día de hoy, seguramente nadie tiene la más mínima idea de las implicaciones y de las consecuencias que puede traer, o que traerá, el hecho de que nos vayamos de este mundo sin haber hecho todo lo que Dios esperaba que hiciéramos.

1.17 Nadie conoce los tiempos en que ocurrirán los eventos futuros excepto Dios Padre

Dios es uno: *"Oye, Israel: Jehová nuestro Dios, Jehová uno es"* *(Deuteronomio 6:4 RVR 1909)*. Sin embargo, ese Dios único está constituido por tres personas: *"Porque tres son los que dan testimonio en el cielo, el Padre, el Verbo, y el Espíritu Santo: y estos tres son uno"* *(1 Juan 5:7 RVR 1909)*. Desde el inicio de la Biblia, y a lo largo de toda ella, se nos habla acerca de las tres personas de Dios; en ocasiones acerca de una, en otras situaciones acerca de otra, y a veces de dos o de tres al mismo tiempo: *"Por tanto, id y haced discípulos a todas las naciones, bautizándolos en el nombre del Padre, del Hijo y del Espíritu Santo..."* *(Mateo 28:19 RVR95)*. La Biblia inicia hablando acerca del Espíritu de Dios: *"En el principio creó Dios los cielos y la tierra. Y la tierra estaba desordenada y vacía, y las tinieblas estaban sobre la faz del abismo, y el Espíritu de Dios se movía sobre la faz de las aguas"* *(Génesis 1:1–2 RVR 1960)*. Puesto que Dios es uno, pero a la vez está constituido por tres personas, la Biblia nos habla de Dios en singular y al mismo tiempo también en plural: *"Entonces dijo Dios: Hagamos al hombre a nuestra imagen, conforme a nuestra semejanza... Y creó Dios al hombre a su imagen, a imagen de Dios lo creó; varón y hembra los creó"* *(Génesis 1:26–27 RVR95)*. También vemos que utiliza la palabra "nosotros": *"Ya no estoy en el mundo; pero éstos están en el mundo, y yo voy a ti. Padre santo, a los que me has dado, guárdalos en tu nombre, para que sean uno, así como nosotros"* *(Juan 17:11 RVR95)*. Además: *"para que todos sean uno; como tú, Padre, en mí y yo en ti, que también ellos sean uno en nosotros, para que el mundo crea que tú me enviaste. Yo les he dado la gloria que me diste, para que sean uno, así como nosotros somos uno"* *(Juan 17:21–22 RVR95)*. Como podemos ver, se espera que los siervos e hijos de Dios, siendo muchos, seamos uno, así como las tres personas de Dios constituyen un solo Dios.

Desde el Antiguo Testamento se nos habla claramente acerca de

Cristo: *"Honrad al Hijo, para que no se enoje, y perezcáis en el camino; pues se inflama de pronto su ira. Bienaventurados todos los que en él confían"* (Salmo 2:12 RVR 1960). (Vea además: Proverbios 30:4, Daniel 9:26). La Biblia nos enseña también que Jesucristo es el Señor: *"Vosotros me llamáis Maestro, y Señor; y decís bien, porque lo soy"* (Juan 13:13 RVR 1960). (Vea además: Mateo 7:21–22, Romanos 14:9). Sin embargo, el Señor Jesús nunca intentó tomar el lugar o hacerse pasar por Su Padre, sino que siempre dejó en claro que Él no es Dios Padre; y que mientras Él estaba en el mundo, otra persona de Dios estaba en los cielos. Las siguientes palabras de Cristo lo confirman: *"Así alumbre vuestra luz delante de los hombres, para que vean vuestras obras buenas, y glorifiquen a vuestro Padre que está en los cielos"* (Mateo 5:16 RVR 1909). (Vea además: Mateo 5:45, Mateo 6:9, y Mateo 7:11). En todos estos textos, entre otras cosas, el Señor Jesús está dejando ver claramente que Él y Dios Padre no son la misma persona.

Dios Padre tiene todo poder. Su poder está en Sí mismo y proviene de Sí mismo: *"Porque ¿quién me ha dado a mí primero, para que yo restituya? ¡Todo lo que hay debajo del cielo es mío!"* (Job 41:11 RVR95). (Vea además: Romanos 11:35–36). Por su parte, Dios Hijo también tiene todo poder, pero no lo tiene de Sí mismo sino que se lo ha dado Dios Padre (Su Padre), así como es normal que los padres den las cosas a sus hijos: *"Y llegando Jesús, les habló, diciendo: Toda potestad me es dada en el cielo y en la tierra"* (Mateo 28:18 RVR 1909).

El Señor Jesús en todo momento reconoció abiertamente y sin titubeos Su dependencia de Dios Padre. Jesús afirmó que Él vive por el Padre (Juan 6:57) y que Su doctrina proviene del Padre, de manera que Él no enseña con Su propia autoridad: *"Jesús les respondió y dijo: Mi doctrina no es mía, sino de aquel que me envió. El que quiera hacer la voluntad de Dios, conocerá si la doctrina es de Dios o si yo hablo por mi propia cuenta"* (Juan 7:16–17 RVR95). (Vea además: Juan 8:26 y Juan 17:8). Cristo nos informó acerca del lugar de cada quién: *"...el Padre mayor es que yo"* (Juan 14:28 RVR 1909), y dijo también: *"...porque de él procedo, y él me envió"* (Juan 7:29 RVR 1960). Dios Padre le ha dado poder y autoridad para darnos vida eterna. Jesús nos dio a conocer claramente cuál fue el propósito por el que vino a este mundo, dentro de la voluntad de Su Padre: *"Porque he descendido del cielo, no para hacer mi voluntad, sino la voluntad del que me envió. Y esta es la voluntad del Padre, el que me envió: Que de todo lo que me diere, no pierda yo nada, sino que lo resucite en el día postrero. Y esta es la voluntad del que me ha enviado: Que todo aquel que ve al Hijo, y cree en él, tenga vida eterna; y yo le resucitaré en el día postrero"* (Juan 6:38–40 RVR 1960). (Vea además: Juan 8:50–51). Dios Padre también le ha dado autoridad para juzgar: *"porque el Padre a nadie juzga, sino que todo el juicio dio al Hijo"* (Juan 5:22 RVR95); le ha dado gloria (Juan 17:24), lo exaltó hasta lo sumo (Filipenses 2:8–11), y lo ha constituido como Rey de reyes y Señor de señores (Apocalipsis 19:16). Cristo ha recibido de Dios Padre todo poder, y con ello toda autoridad, en el cielo, en la tierra y sobre nosotros (Mateo 28:18–20, Juan 17:18).

Pero aunque Dios Hijo tiene todo poder y toda autoridad en el cielo y en la tierra, el conocimiento acerca de los tiempos, es decir, de cuándo sucederán los eventos profetizados en la Biblia para el futuro, sólo lo tiene Dios Padre: *"Pero de aquel día y de la hora, nadie sabe, ni aun los ángeles que están en el cielo, ni el Hijo, sino el Padre"* (Marcos 13:32 RVR 1960). Y Cristo lo dijo una vez más, el último día que estuvo en el mundo: *"Entonces los que se habían reunido le preguntaron, diciendo: Señor, ¿restaurarás el reino a Israel en este tiempo? Y les dijo: "No os toca a vosotros saber los tiempos o las sazones, que el Padre puso en su sola potestad..."* (Hechos 1:6–7 RVR 1960).

Así como hemos visto que Cristo recibe todas las cosas de Dios Padre, igualmente recibe el conocimiento de los planes de Dios Padre y de los tiempos en que ocurrirán los eventos profetizados para el futuro: *"Y vi en la mano derecha del que estaba sentado en el trono (Dios Padre) un libro escrito por dentro y por fuera, sellado con siete sellos. Y vi a un ángel fuerte que pregonaba a gran voz: ¿Quién es digno de abrir el libro y desatar sus sellos? Y ninguno, ni en el cielo ni en la tierra ni debajo de la tierra, podía abrir el libro, ni aun mirarlo. Y lloraba yo mucho, porque no se había hallado a ninguno digno de abrir el libro, ni de leerlo, ni de mirarlo. Y uno de los ancianos me dijo: No llores. He aquí que el León de la tribu de Judá, la raíz de David, ha vencido para abrir el libro y desatar sus siete sellos. Y miré, y vi que en medio del trono y de los cuatro seres vivientes, y en medio de los ancianos, estaba en pie un Cordero como inmolado, que tenía siete cuernos, y siete ojos, los cuales son los siete espíritus de Dios enviados por toda la tierra. Y vino, y tomó el libro de la mano derecha del que estaba sentado en el trono"* (Apocalipsis 5:1–7 RVR 1960). Hay que recordar que hace ya casi 2,000 años, en el tiempo en el que le fue dada esta visión al apóstol Juan, los libros no eran electrónicos ni de papel, como los tenemos el día de hoy, sino que se hacían pegando hojas de papiro o secciones de piel, unas con otras, y luego enrollando estas largas tiras alrededor de un palo (Josh McDowell, Evidencia que Exige un Veredicto, páginas 30 y 31). Estos libros enrollados se podían cerrar con sellos para asegurar que nadie los abriera, sino sólo la persona autorizada para leerlo. El hecho de que el sello estuviera intacto era señal de que nadie había tenido acceso a la información contenida en el libro. La visión le fue mostrada al apóstol Juan con un libro hecho en la forma que él conocía y que le era familiar, para que pudiera entender la visión.

El libro que estaba en la mano derecha de Dios Padre contenía información acerca de eventos que habrían de ocurrir en el futuro, como lo podemos constatar en seguida, en el capítulo 6 del Apocalipsis. El libro del que se habla en este pasaje le pertenecía exclusivamente a Dios Padre y estaba en Su poder, y estaba sellado no con un sello sino con siete sellos (Apocalipsis 5:1). Y un ángel fuerte hizo una convocatoria para que se hiciera evidente si alguien se creía digno y se atrevía a tomar el libro con la información acerca del futuro de la mano derecha de Dios Padre (versículo 2). Y no se halló nadie que fuera digno, ni en el cielo ni en la tierra ni debajo de la tierra (versículo 3). El apóstol Juan fue informado por uno de los ancianos de los que asisten continuamente delante del trono de Dios Padre, que Cristo, Dios Hijo, había sido hallado digno y que era capaz de tomar el libro, de desatar sus sellos y de tomar control de la información que le confiaba Dios Padre, por haber vencido a Satanás en la cruz (versículo 5). Y Juan vio a Cristo, quien para esto tomó la forma de un Cordero que parecía que había sido inmolado, es decir, ofrecido en sacrificio por los pecados, para dejar claro cuál era la razón por la que había sido hallado digno, que se dirigía hacia Dios Padre y tomaba el libro de Su mano derecha (versículos 6 y7). Cabe señalar que la mano derecha de Dios Padre representa Su poder elevado a su máxima expresión. Puesto que Cristo fue capaz de recibir de Dios Padre el libro con el conocimiento acerca de los eventos que ocurrirán en el tiempo futuro, recibió adoración y alabanza de todos los presentes en esa ceremonia (Apocalipsis 5:8–14).

En el capítulo 6 del Apocalipsis se nos narra acerca de lo que se va revelando, es decir, la información que se va volviendo disponible cuando Cristo empieza a abrir los siete sellos uno por uno, con el propósito de luego poder abrir el libro en su totalidad, para poder tener acceso al conocimiento que Dios Padre le da. Y cada vez que abre un sello, nueva información es revelada. Dicha visión, tal como se nos presenta, nos lleva a pensar que seguramente el interior del libro debe contener bastante más información que la que se da a conocer al ir abriendo sus sellos, los cuales representan solamente la parte más exterior del libro. Sin duda, aparte de la breve información que se nos da con cada sello que se va abriendo, uno de los propósitos principales de esta visión que le fue mostrada a Juan sería hacerle y hacernos saber que el conocimiento acerca de lo que ha de suceder en el futuro es determinado, controlado, pertenece y proviene de Dios Padre, y que Él lo pone en las manos de Dios Hijo, y que Cristo a Su vez luego comparte con nosotros parte de esta información, lo que conviene que sepamos.

El ser humano no puede saber por su propia cuenta lo que sucederá en el futuro, y obviamente tampoco el tiempo en el que sucederá: *"Porque para todo lo que quisieres hay tiempo y juicio; porque el mal del hombre es grande sobre él; pues no sabe lo que ha de ser; y el cuándo haya de ser, ¿quién se lo enseñará? (Eclesiastés 8:6–7 RVR 1960).* Muchas naciones han tenido diferentes dioses desde la antigüedad y hasta el día de hoy, pero ninguno de dichos dioses ha podido, ni podrá, dar a conocer lo que sucederá en el tiempo futuro. Esto debido a que sólo el Dios verdadero posee dicho conocimiento y la capacidad de darlo a conocer a través de la Biblia. Y no sólo tiene el conocimiento de lo que sucederá en el tiempo por venir, sino que Él diseña y construye el futuro: *"Así dice Jehová Rey de Israel, y su Redentor, Jehová de los ejércitos: Yo soy el primero, y yo soy el postrero, y fuera de mí no hay Dios. ¿Y quién proclamará lo venidero, lo declarará, y lo pondrá en orden delante de mí, como hago yo desde que establecí el pueblo antiguo? Anúncienles lo que viene, y lo que está por venir. No temáis, ni os amedrentéis; ¿no te lo hice oír desde la antigüedad, y te lo dije? Luego vosotros sois mis testigos. No hay Dios sino yo. No hay Fuerte; no conozco ninguno"* (Isaías 44:6–8 RVR 1960). Por cierto, puesto que lo mencionamos anteriormente en esta sección, conviene señalar que al inicio de este texto, en el versículo 6 de esta cita, vemos a dos personas de Dios; tanto Dios Padre como Dios Hijo hablan aquí conjunta y simultáneamente, y se presentan a Sí mismos como un sólo Dios.

La información que nosotros los seres humanos tenemos acerca de los eventos que sucederán en el futuro es breve y general, solamente una visión panorámica de eventos tales como la gran tribulación (Mateo 24:21–22, Daniel 9:27, Daniel 12:11–12), el ministerio de los dos testigos durante el período de la gran tribulación (Apocalipsis 11:3–12), la resurrección de los muertos (1 Tesalonicenses 4:16), el arrebatamiento de la iglesia (1 Tesalonicenses 4:17, Mateo 24:31 y 40–42), la segunda venida de Cristo a este mundo (Mateo 24:30, Daniel 7:13–14, Zacarías 14:4–5), el milenio (Apocalipsis 20:5–6), la invasión de Gog y de Magog a Israel (Apocalipsis 20:7–9, Ezequiel 38:1 a 39:20), etc. Sabemos que sin duda todo eso sucederá porque Dios nos lo asegura en la Biblia, pero no sabemos cuándo sucederá, ya que como hemos visto, no nos toca a nosotros saberlo ahora; dicho conocimiento está por ahora en la sola potestad de Dios Padre. La parte que sí nos toca a nosotros en este tiempo es dar a conocer el evangelio a todas las naciones: *"Entonces los que se habían reunido le preguntaron, diciendo: Señor, ¿restaurarás el reino a Israel en este tiempo? Y les dijo: No os toca a vosotros saber los tiempos o las sazones, que el Padre puso en su sola potestad; pero recibiréis poder, cuando haya venido sobre vosotros el Espíritu Santo, y me seréis testigos en Jerusalén, en toda Judea, en Samaria, y hasta lo último de la tierra. Y habiendo dicho estas cosas, viéndolo ellos, fue alzado, y le recibió una nube que le ocultó de sus ojos"* (Hechos 1:6–9 RVR 1960), (vea además: Mateo 28:18–20).

Segunda Parte

POSIBLES RAZONES POR LAS QUE LOS CRISTIANOS SUFREN

2.1 Por causa de nuestros pecados del tiempo presente y del pasado

Responder la pregunta: ¿por qué sufren los cristianos? es algo que no puede hacerse con unas cuantas palabras o citando un par de versículos bíblicos. En la Biblia podemos encontrar un buen número de razones por las que los cristianos sufren; y sin pretender realizar un estudio exhaustivo, en esta segunda parte del libro estaremos analizándolas una por una, basados en lo que la Biblia nos enseña.

Cuando consideramos la pregunta: ¿por qué sufren los cristianos? normalmente la primera respuesta que tiende a venir a la mente de la mayoría de la gente es: por causa de nuestros pecados. Y es totalmente cierto que nuestros pecados provocan u ocasionan que el sufrimiento venga a nuestras vidas, aunque no es la única razón por la que la aflicción viene. Y siendo esto así, será la primera causa que estaremos analizando en esta segunda parte de este libro y de la que nos estaremos ocupando en la presente sección.

A lo largo de toda la Biblia podemos ver claramente que la ira de Dios viene sobre los que hacen lo malo, es decir, por hacer lo que el Señor nos dice que no debemos hacer, o por no hacer lo que nos dice que sí debemos hacer: *"Haced morir, pues, lo terrenal en vosotros: fornicación, impureza, pasiones desordenadas, malos deseos y avaricia, que es idolatría. Por estas cosas la ira de Dios viene sobre los hijos de desobediencia..." (Colosenses 3:5–6 RVR95)*. (Vea además: Isaías 50:1, Lamentaciones 4:11–13, Romanos 2:9). El Señor hace venir sobre Su pueblo situaciones que lo hacen sufrir por causa de su pecado: *"Porque una voz trae las nuevas desde Dan, y hace oír la calamidad desde el monte de Efraín. Decid a las naciones: He aquí, haced oír sobre Jerusalén: Guardas vienen de tierra lejana, y lanzarán su voz contra las ciudades de Judá. Como guardas de campo estuvieron en derredor de ella, porque se rebeló contra mí, dice Jehová. Tu camino y tus obras te hicieron esto; esta es tu maldad, por lo cual amargura penetrará hasta tu corazón"* (*Jeremías 4:15–18 RVR 1960*). (Vea además: Isaías 42:24–25).

Lamentablemente los siervos de Dios se pierden de recibir grandes alegrías, bendiciones, y de la liberación de sus angustias, por causa de su pecado: *"Pero mi pueblo no oyó mi voz, e Israel no me quiso a mí. Los dejé, por tanto, a la dureza de su corazón; caminaron en sus propios consejos. ¡Oh, si me hubiera oído mi pueblo, si en mis caminos hubiera andado Israel! En un momento hubiera yo derribado a sus enemigos, y vuelto mi mano contra sus adversarios. Los que aborrecen a Jehová se le habrían sometido, y el tiempo de ellos sería para siempre. Les sustentaría Dios con lo mejor del trigo, y con miel de la peña les saciaría"* (*Salmo 81:11–16 RVR 1960*).

Sin duda el pecado es castigado. Pero además de ser una justa retribución, Dios trae sufrimiento a la vida de sus siervos que hacen lo malo con el propósito de que abandonen su mal camino: *"Los azotes que hieren son medicina para el malo; el castigo purifica el corazón"* (*Proverbios 20:30 RVR95*). Dios pone en marcha un proceso para sanar y rescatar a Sus hijos que han adquirido vicios y prácticas pecaminosas que se han arraigado mucho en ellos; ese proceso invariablemente involucra sufrimiento. Aquellos que evolucionen favorablemente ante ese tratamiento serán sanados, pastoreados, consolados, se les concederá que alaben a Dios y podrán gozar de paz. Por el contrario, los que no respondan favorablemente ante ese tratamiento no podrán tener paz (Isaías 57:16–21).

Como hemos visto, los siervos de Dios que conocen lo que Él desea, es decir, que conocen la voluntad de Dios acerca de algún asunto y que conscientemente se niegan a obedecerle, son entregados a aflicción y a quebranto. Sin embargo si luego se arrepienten, si se vuelven al Señor y suplican Su favor, serán librados: *"Algunos moraban en tinieblas y sombra de muerte, aprisionados en aflicción y en hierros, por cuanto fueron rebeldes a las palabras de Jehová, y aborrecieron el consejo del Altísimo. Por eso quebrantó con el trabajo sus corazones; cayeron, y no hubo quien los ayudase. Luego que clamaron a Jehová en su angustia, los libró de sus aflicciones; los sacó de las tinieblas y de la sombra de muerte, y rompió sus prisiones. Alaben la misericordia de Jehová, y sus maravillas para con los hijos de los hombres. Porque quebrantó las puertas de bronce, y desmenuzó los cerrojos de hierro" (Salmo 107:10–16 RVR 1960).*

Cuando Dios rescata del sufrimiento a alguien que estaba padeciendo por causa de su pecado, la persona en cuestión debe tener la humildad suficiente para reconocer su pecado, y la decisión y la disciplina necesarias para abandonar definitivamente cualquier práctica pecaminosa que haya dado lugar a dicho castigo. Si insiste en continuar con su pecado, Dios le puede hacer venir algún sufrimiento mayor que el que tenía inicialmente: *"Y había allí un hombre que hacía treinta y ocho años que estaba enfermo. Cuando Jesús lo vio acostado, y supo que llevaba ya mucho tiempo así, le dijo: ¿Quieres ser sano?... Jesús le dijo: Levántate, toma tu lecho, y anda... Después le halló Jesús en el templo, y le dijo: Mira, has sido sanado; no peques más, para que no te venga alguna cosa peor (Juan 5:5,6,8,14 RVR 1960).*

Es importante notar que hay una diferencia grande entre cometer pecado y practicar el pecado. Cometer pecado significa hacer algo que desagrada a Dios una vez, o quizás unas pocas veces, y nada más; es un mal pensamiento o una mala acción realizada, pero no es una mala práctica. La persona que ha cometido pecado necesita el perdón de Dios para no tener cuentas pendientes con Él, que puedan llevarlo a ser castigado: *"Todo aquel que <u>comete</u> pecado, infringe también la Ley, pues el pecado es infracción de la Ley. Y sabéis que él apareció para quitar nuestros pecados, y no hay pecado en él. Todo aquel que permanece en él, no peca..." (1 Juan 3:4–6 RVR95).* Por su parte, practicar el pecado significa hacer una y otra y otra vez la misma mala acción que desagrada a Dios, habiendo perdido ya la vergüenza y el remordimiento de la conciencia. La persona que practica el pecado continúa haciendo lo que no se debe en forma regular, como parte de su estilo de vida, y se vuelve aún más desagradable delante de Dios: *"El que <u>practica</u> el pecado es del diablo, porque el diablo peca desde el principio. Para esto apareció el Hijo de Dios, para deshacer las obras del diablo. Todo aquel que es nacido de Dios no <u>practica</u> el pecado, porque la simiente de Dios permanece en él; y no puede pecar, porque es nacido de Dios" (1 Juan*

3:8–9 RVR95). ¿Y cómo es que el Hijo de Dios deshace las obras del diablo? Pues en primer lugar haciendo que Su palabra, la Biblia, sea predicada y dada a conocer por Sus siervos a las personas que nunca la han escuchado, para que aprendan a distinguir entre lo bueno y lo malo; para que dejen los caminos y las obras del diablo, y vengan a Él. Y en segundo lugar, como vimos arriba, Cristo, el Hijo de Dios, hace venir situaciones de sufrimiento sobre Sus siervos, las cuales les pueden servir de medicina para sus almas, ayudándoles con esto a abandonar lo malo y a buscar lo bueno (Proverbios 20:30).

En la Biblia encontramos un buen número de ejemplos en los que se puede observar cómo el sufrimiento vino a las vidas de muchos por causa de su pecado. Entre ellos podemos mencionar a Adán y a Eva (Génesis 3:22–24), a Caín (Génesis 4:8–12), a Sansón (Jueces 16:15–21), al rey Saúl (1 Samuel 31:1–6), entre otros muchos.

Lo que hemos considerado en esta sección hasta ahora aplica a los pecados practicados en el tiempo presente. Pero con frecuencia el cristiano puede sufrir por causa de pecados del pasado, aunque ya hayan sido perdonados y lavados mediante la sangre que derramó Cristo en la cruz. Los pecados muy bien pueden ya haber sido perdonados por Dios, pero las consecuencias de dichos pecados continúan. Por ejemplo, vamos a suponer que una persona acostumbró fumar tabaco durante muchos años y dañó sus pulmones y sus vías respiratorias antes de ser cristiano. Y tiempo después decidió recibir a Cristo como el Señor y Salvador de su vida y aceptar el regalo de la vida eterna que Él ofrece, de manera que el sacrificio que realizó Cristo en la cruz vino a pagar el precio que dicha persona hubiera tenido que pagar por causa de su pecado, porque la paga del pecado es muerte (Romanos 6:23). Pero aunque los pecados pasados de esa persona, incluyendo el pecado de dañar su cuerpo, hayan sido perdonados por Dios, es muy posible que pueda continuar sufriendo debido a problemas de salud relacionados con sus hábitos del pasado ya perdonados.

En el ejemplo que acabamos de considerar, es importante señalar que el pecado en cuestión no fue fumar, ya que fumar en sí no es un pecado. El pecado fue dañar su cuerpo mediante el hábito de fumar, puesto que dañar nuestro cuerpo deliberadamente o por negligencia sí es un pecado, debido a que nuestra vida y nuestro cuerpo dejaron de pertenecernos cuando Cristo nos compró con Su sangre. Él nos dio vida eterna y nosotros le dimos a cambio nuestras vidas y nuestros cuerpos: *"¿O ignoráis que vuestro cuerpo es templo del Espíritu Santo, el cual está en vosotros, el cual habéis recibido de Dios, y que no sois vuestros?, pues habéis sido comprados por precio; glorificad, pues, a Dios en vuestro cuerpo y en vuestro espíritu, los cuales son de Dios"* (1 Corintios 6:19-20 RVR95).

Desde luego, fumar no es la única manera en que podemos dañar nuestro cuerpo; también podemos dañarlo comiendo o bebiendo en exceso, consumiendo comida chatarra, ingiriendo mucha azúcar, durmiendo muy poco, no haciendo el ejercicio físico necesario, trabajando demasiado, exponiéndonos excesivamente al stress, etc. Sin embargo, debemos tener cuidado de no volvernos legalistas, obsesionándonos con el cuidado excesivo del cuerpo, como si con eso pudiéramos agradar a Dios. Al respecto, la Biblia nos enseña que hay ocasiones en que nos vemos obligados a realizar actividades que no podemos evitar o dejar de hacer por el hecho de que estas puedan dañar nuestros cuerpos. Como ejemplo de esto podemos mencionar cuando el Señor ayunó cuarenta días y cuarenta noches como preparación para Su encuentro con Satanás, ya que Cristo, aunque es Dios, en ese tiempo estaba sujeto a la debilidad de la carne (Mateo 4:1-2). Otro ejemplo que podemos citar es cuando Pablo visitó la ciudad de Troas, y teniendo muchas cosas que comunicarles de la palabra de Dios a los hermanos, y no teniendo mucho tiempo antes de su partida de la ciudad, se pasó toda la noche sin dormir junto con todos ellos (Hechos 20:7-12). En ambas situaciones sin duda hubo maltrato físico, pero el maltrato no se realizó por descuidos irresponsables, ni por realizar actividades del mundo o profanas, sino con el propósito de atender asuntos importantes relacionados con el reino de Dios, aunque eso les llevara al maltrato del cuerpo.

Concluimos la presente sección haciendo una invitación a todo cristiano y a toda persona interesada en buscar una buena comunión con Dios, a conocer mejor Su palabra, y a buscar guiarse por ella para ser hallados por Dios en obediencia; buscando poner en práctica todo lo que nos enseña, y evitando así pecar y padecer castigo y sufrimiento en forma innecesaria.

2.2   Por causa de los pecados de otras personas que están a nuestro alrededor

En la sección anterior vimos cómo es que el sufrimiento viene a los hijos de Dios por causa de sus propios pecados, cometidos en el tiempo presente e incluso en el pasado, aunque pudieran haber sido ya perdonados y borrados mediante la sangre de Cristo. Pero la Biblia nos enseña además que el cristiano muchas veces sufre no necesariamente por sus propios pecados, sino también por causa de los pecados de otras personas que están a su alrededor. Este es el caso que nos ocupa en la presente sección.

Dios es eterno y tiene su mirada puesta principalmente en las cosas eternas. Para el Señor las cosas eternas tienen prioridad sobre las cosas temporales de este mundo. Si bien es totalmente cierto que Dios también tiene cuidado de nosotros aun en las pequeñas y efímeras cosas de este mundo, esto último no es Su principal interés. Eso explica por qué aunque Dios se duele y se compadece de nosotros cuando sufrimos, como el padre se compadece de los hijos (Salmo 103:13–14), no se detiene por ello y sigue adelante con Sus planes y propósitos eternos para nuestras vidas: *"Ahora, así dice Jehová, Creador tuyo, Jacob, y Formador tuyo, Israel: No temas, porque yo te redimí; te puse nombre, mío eres tú. Cuando pases por las aguas, yo estaré contigo; y si por los ríos, no te anegarán. Cuando pases por el fuego, no te quemarás ni la llama arderá en ti. Porque yo, Jehová, Dios tuyo, el Santo de Israel, soy tu Salvador; a Egipto he dado por tu rescate, a Etiopía y a Seba a cambio de ti"* (Isaías 43:1–3 RVR95). Note que este texto dice *"cuando pases por las aguas"*, y *"cuando pases por el fuego"*; no dice: *"si acaso llegas a* pasar por las aguas, o si es que alguna vez pasas por el fuego", porque las dificultades y el sufrimiento no son opcionales, e inevitablemente vienen sobre la vida de los siervos de Dios. El Señor lleva a cabo Sus planes eternos y provee la formación adecuada a los Suyos y no compromete ni pone en riesgo las cosas eternas, que valen más, para conservar o salvar las cosas pasajeras de este mundo, que valen menos. Dios tiene presente en todo momento que los sufrimientos que experimentamos el día de hoy muy pronto quedarán atrás, y no así los resultados de Su obra en nuestras vidas, los cuales permanecerán para siempre.

Para ilustrar lo anterior, vamos a analizar brevemente lo que el Señor nos enseña a través de la parábola del rico y Lázaro: *"Había un hombre rico, que se vestía de púrpura y de lino fino, y hacía cada día banquete con esplendidez. Había también un mendigo llamado Lázaro, que estaba echado a la puerta de aquel, lleno de llagas, y ansiaba saciarse de las migajas que caían de la mesa del rico; y aun los perros venían y le lamían las llagas. Aconteció que murió el mendigo, y fue llevado por los ángeles al seno de Abraham; y murió también el rico, y fue sepultado. Y en el Hades alzó sus ojos, estando en tormentos, y vio de lejos a Abraham, y a Lázaro en su seno. Entonces él, dando voces, dijo: Padre Abraham, ten misericordia de mí, y envía a Lázaro para que moje la punta de su dedo en agua, y refresque mi lengua; porque estoy atormentado en esta llama. Pero Abraham le dijo: Hijo, acuérdate que recibiste tus bienes en tu vida, y Lázaro también males; pero ahora éste es consolado aquí, y tú atormentado. Además de todo esto, una gran sima está puesta entre nosotros y vosotros, de manera que los que quisieren pasar de aquí a vosotros, no pueden, ni de allá para acá. Entonces le dijo: Te ruego, pues, padre, que le envíes a la casa de mi padre, porque tengo cinco hermanos, para que les testifique, a fin de que no vengan ellos también a este lugar de tormento. Y Abraham le dijo: A Moisés y a los profetas tienen; óiganlos. El entonces dijo: No, padre Abraham; pero si alguno fuere a ellos de entre los muertos, se arrepentirán. Más Abraham le dijo: Si no oyen a Moisés y a los profetas, tampoco se persuadirán aunque alguno se levantare de los muertos"* (Lucas 16:19–31 RVR 1960).

Tradicionalmente se ha considerado al texto anterior solamente como una parábola. Pero aun cuando pudiéramos asegurar con una certidumbre del cien por ciento que esta historia nunca sucedió realmente, sino que fue sólo una ilustración que utilizó el Señor para comunicarnos una enseñanza, no nos equivocaríamos si aseguramos que esta es una situación que se presenta todos los días a lo largo y ancho de todo el mundo.

En esta historia el Señor nos presentó a dos hombres en condiciones muy contrastantes; uno de ellos que gozaba de gran abundancia y riqueza material, a decir por la alimentación y por la vestimenta que se podía permitir, y otro que carecía de lo más indispensable para la supervivencia. Curiosamente Dios dispuso que ambos tuvieran que estar juntos, como muchas veces sucede también el día de hoy. La historia no nos dice cómo es que el rico llegó a tener tanta abundancia; si es que trabajó mucho y fue muy exitoso en sus negocios, o si heredó una fortuna de sus padres o de algún familiar o pariente cercano. Tampoco se nos dice cómo es que Lázaro llegó a estar en esa condición de pobreza tan extrema. Seguramente el rico habría creído tener sus razones para endurecerse ante Lázaro, de manera que aun cuando veía su miseria y su dolor no le mostraba misericordia, ni siquiera para darle una pequeña limosna que mitigara su angustia. El rico quizás pudo haber pensado: "Pues para eso me he esforzado trabajando". O tal vez pensó: "Bastante trabajo y sacrificio le costó a mis padres. O ¿por qué tengo yo que hacerme responsable de la situación de ese mendigo, que no se preparó ni tomó las precauciones necesarias con tiempo? O ¿por qué tengo yo que sufrir pérdidas de mis bienes porque él no tuvo éxito en sus negocios? O ¿qué culpa tengo yo de que sus padres no le hayan dejado ninguna herencia? Él debe resolver sus propios problemas así como yo resuelvo los míos. Y con alguno de esos razonamientos o con alguno semejante, se habría auto-justificado para cerrar su corazón contra Lázaro.

La narración del Señor Jesús continúa diciendo que llegó el tiempo en que ambos murieron. Del rico se nos dice que fue sepultado, lo cual costaba una buena cantidad de dinero; pero el rico tuvo suficiente como para haber tomado esa provisión. Lamentablemente no se nos dice lo mismo acerca de Lázaro, puesto que como sabemos, él no tenía dinero para cosas como esas. Sin embargo, la historia nos dice que el mendigo fue salvo, es decir, que Dios le dio vida eterna; y por lo tanto, al morir fue llevado por los ángeles al cielo para ser consolado personalmente por Abraham, el padre de la fe; como diciéndosenos implícitamente que la razón por la que Lázaro alcanzó salvación fue por su fe (Lucas 8:48). Tristemente, no sucedió lo mismo con el rico, quien fue echado al infierno.

Por supuesto, nadie se salva por haber sido pobre en esta vida, y tampoco nadie es echado al infierno por haber sido rico, puesto que el mismo Abraham, a cuya presencia fue Lázaro, también fue muy rico cuando estuvo en este mundo: *"Y Abram era riquísimo en ganado, en plata y oro (Génesis 13:2 RVR 1909).* Como sabemos, la salvación se obtiene por recibir a Cristo como nuestro Señor y Salvador mediante la fe. Puesto que la paga del pecado es muerte (Romanos 6:23), Cristo murió en nuestro lugar para que nosotros no tengamos que morir por nuestros pecados. De manera que sólo tenemos que reconocer nuestros pecados y arrepentirnos de ellos, y disponernos a vivir en obediencia a lo que Cristo enseña, ya que voluntariamente lo hemos hecho Señor de nuestras vidas. Como vimos hace un momento, el hecho de que Lázaro hubiera alcanzado vida eterna sin duda habría sido por haber recibido a Cristo como su Señor mediante la fe, y por haber obedecido Su palabra. De manera que aun estando inmerso en semejante tragedia no habría tenido odio hacia el rico ni le habría respondido inapropiadamente ante sus desprecios e insultos, sino que más bien le habría mostrado el amor de Cristo; no le habría robado, no habría hablado mal de él a sus espaldas, no le habría tenido envidia, habría reconocido y aceptado el derecho de Dios de traer sufrimiento a su vida si lo desea puesto que es su Señor, etc., etc. Seguramente Lázaro habría hecho todo esto por obediencia a la palabra de Dios, mostrando así su fe.

Por su parte, el rico no se habría condenado por haber sido rico, sino porque a pesar de haber pertenecido al pueblo de Israel, y ser descendiente de Abraham según la carne (puesto que le llama "padre"), no obedeció lo que el Señor ordena en Su palabra en cuanto a amar a su prójimo y expresarlo, no con palabras, sino con hechos tangibles: teniendo misericordia, compasión por el que sufre, siendo generoso, y disponiéndose a ayudarle: *"Pero el que tiene bienes de este mundo y ve a su hermano tener necesidad y cierra contra él su corazón, ¿cómo mora el amor de Dios en él? (1 Juan 3:17 RVR95).* Si el rico hubiera actuado conforme a lo que Dios esperaba de él, Lázaro no habría padecido sufrimiento; Lázaro sufrió por causa de los pecados del rico. Pero debido a que las cosas sucedieron de esta manera, Lázaro fue al cielo y el rico al infierno. Y de hecho, el disgusto de Cristo hacia el rico fue tal que ni siquiera lo llama por su nombre, mientras que al mendigo sí lo llama Lázaro.

Así, a través de esta historia el Señor nos permite ver que hay ocasiones en que el sufrimiento viene a nuestras vidas, no por nuestros propios pecados como vimos en la sección anterior, sino por causa de los pecados de alguien más que está a nuestro alrededor. Pero seguramente algunos podrán preguntarse: Si Dios es bueno, ¿por qué permite que Sus hijos sufran por pecados que no cometieron? Si Dios es justo, ¿por qué consiente en que unos sufran cuando fueron otros los que actuaron mal? ¿Por qué mi alegría o sufrimiento están ligados al buen o mal comportamiento de mi prójimo? Bueno, ese es un asunto sumamente importante del cual nos estaremos ocupando en la siguiente sección.

2.3   Para observar si obedeceremos

Con frecuencia escuchamos a la gente que está a nuestro alrededor preguntar: Si Dios es bueno, ¿por qué permite que la gente haga mal a su prójimo? ¿Por qué permite que le sucedan cosas malas a la gente? ¿Por qué permite que la gente sufra? Al respecto, la palabra de Dios dice: *"Vi más cosas debajo del sol: en lugar del juicio, la maldad; y en lugar de la justicia, la iniquidad. Y dije en mi corazón: Al justo y al malvado juzgará Dios; porque allí hay un tiempo para todo lo que se quiere y para todo lo que se hace. Dije también en mi corazón: Esto es así, por causa de los hijos de los hombres, para que Dios los pruebe..." (Eclesiastés 3:16–18 RVR95).* Todos hemos visto con nuestros propios ojos lo que describe el rey Salomón, en palabra de Dios, mediante las palabras que acabamos de considerar. Como cuando esperamos ver que la gente que está a nuestro alrededor sea tratada de una manera correcta y justa por los demás, en su lugar vemos que se le trata con dureza de corazón y con falta de piedad. Y cuando esperamos ver que la gente a nuestro alrededor haga justicia con los demás, en su lugar vemos que hace iniquidad, es decir, que no le adjudica a su prójimo aquello a lo que tiene derecho, faltando así a la equidad. Y de lo que leemos en el texto bíblico entendemos que Dios da lugar a que estas cosas sucedan para probarnos; y en base a lo que Él observe, como resultado de la prueba, nos juzgará. Es decir, que Dios, con el propósito de que se hagan evidentes las intenciones y los propósitos que hay en el corazón de cada quien, hace que la gente se vea en situaciones en las que tiene que interactuar con otras personas, dándoles la oportunidad de mostrar lo que hay en su corazón mediante sus acciones. El Señor observa la forma en que una persona tratará a otra, y la manera en que esta última responderá cuando es tratada con injusticia; si responderá al maltrato de la manera adecuada, como Dios ordena en Su palabra o no. Mediante estas pruebas Dios observa si la persona tendrá respeto por lo que Él ordena; si hace lo que Él espera que se haga ante tal situación o si la persona probada mostrará un corazón endurecido, soberbio y egoísta, que hace lo que desea y lo que le conviene para beneficiarse a sí mismo, sin importarle si esto le lleva a desobedecer a Dios, perjudicando injusta e impíamente a su prójimo; sin importarle si lo que hace agrada a Dios o no. Según leemos en el texto bíblico anterior, que esas cosas suceden con el propósito de que Dios nos pruebe.

Así, Dios utiliza estas situaciones para observar cómo responderá cada quien ante las circunstancias que se presentan en sus vidas día con día, para juzgarlos en base a ello el día del juicio. La Biblia nos da más información al respecto: *"Y vi los muertos, grandes y pequeños, de pie ante Dios. Los libros fueron abiertos, y otro libro fue abierto, el cual es el libro de la vida. Y fueron juzgados los muertos por las cosas que estaban escritas en los libros, según sus obras"* (Apocalipsis 20:12 RVR95). En este texto podemos ver que hay dos juegos de libros. Por un lado está el libro de la vida, y como su nombre lo indica, en él están inscritos los nombres de todas aquellas personas que han recibido de Dios vida eterna, cuyos pecados han sido perdonados y borrados mediante la sangre que derramó el Señor Jesucristo en la cruz (Filipenses 4:3). Como vemos en el texto bíblico, este es un solo libro y por lo tanto es de esperarse que allí no haya espacio para escribir muchas cosas, sino sólo los nombres de los que han alcanzado vida eterna, y por eso se le llama el libro de la vida. Después de todo, no hay necesidad de escribir en ese libro las obras pecaminosas que estas personas cometieron durante sus vidas en este mundo, puesto que los pecados de ellos fueron borrados con la sangre preciosa que Jesucristo derramó en la cruz, habiendo pagado así el precio de los pecados que les correspondía pagar a ellos, de manera que ya no es necesario que los pecados estén registrados allí, ni hacer memoria de ellos. Y por otro lado en este texto se nos habla también de "los libros", en los cuales según leemos, está escrito todo lo referente a los muertos, es decir, los que no tienen vida eterna y van a condenación, porque sus pecados no fueron pagados ni borrados mediante el sacrificio que realizó Cristo en la cruz debido a que no lo reconocieron como el Señor de sus vidas, y por lo tanto se necesitan muchos libros para tener un registro detallado de todos los pecados que tendrán que ser recordados y castigados en ese terrible día del juicio.

Pero volviendo al punto que venimos discutiendo, con frecuencia Dios nos hace pasar por duras pruebas para observar cómo responderemos ante las circunstancias que se nos presentan cada día; para observar si tendremos presente en nuestras mentes Su palabra, y si estaremos dispuestos a obedecerle aunque eso nos lleve a pasar por el sufrimiento; o si buscaremos evitar el sufrimiento aunque eso nos lleve a desobedecerle. Por supuesto, hay muchas situaciones difíciles mediante las cuales Dios nos puede probar, como por ejemplo, haciéndonos tener problemas de salud, teniendo escasez económica, mediante enemigos, sufriendo un accidente automovilístico o en el hogar, etc. Pero vamos a considerar, sólo a manera de ejemplo, la posibilidad de ser probados mediante dificultades en nuestra relación matrimonial. Al considerar este ejemplo, es necesario aclarar que no es nuestra intención tratar de decir quién va a ser salvo y quién no, puesto que ese juicio le corresponde al Señor Jesucristo (Juan 5:22). La Biblia nos enseña que la salvación eterna es para los que ponen su fe en Cristo Jesús: *"...Esta es la palabra de fe que predicamos: que si confesares con tu boca que Jesús es el Señor, y creyeres en tu corazón que Dios le levantó de los muertos, serás salvo... porque todo aquel que invocare el nombre del Señor, será salvo" (Romanos 10:8,9,13 RVR 1960).* Más bien, la presente reflexión tiene como propósito mostrar cómo algunos que se consideran a sí mismos cristianos, no obedecen la palabra de Dios. Sabemos que entre los que han sido salvos unos son más obedientes a Dios que otros, y según la enseñanza bíblica, Dios desea observar cuáles de Sus siervos consideran muy preciosos Sus mandamientos, y cuáles no tanto. Dios desea observar cuáles de Sus siervos obedecerán Su palabra aunque sus intereses personales se vean afectados negativamente por ello, y a ellos les dará especial recompensa a su tiempo.

Cuando una persona que no pertenece al pueblo de Dios viene a Cristo por primera vez en su vida, sus pecados de la vida vieja son perdonados mediante el sacrificio que realizó Cristo en la cruz, y dicha persona pasa a ser una nueva criatura libre de pecado. Sin embargo, una vez que la persona ya ha venido a formar parte del pueblo de Dios, la posibilidad de seguir cometiendo pecados continuará estando presente en su vida posterior. Dios espera que los que han venido a formar parte de Su pueblo anden en rectitud y en limpieza delante de Él, obedeciendo Su palabra en todo tiempo (Salmo 119:4). Y Dios continuamente prueba a los Suyos para que se haga evidente si su corazón está dispuesto a obedecerle (Génesis 22:1-2, 9-12). Cometer pecado y practicar el pecado son cosas diferentes. Si la persona comete pecado después de haber venido a Cristo, esos nuevos pecados no le llevarán a la condenación y al infierno, es decir, no serán inscritos en el libro de la vida junto a su nombre para ser recordados en su contra en el día del juicio, sino que le llevarán a ser castigado en la tierra y a no obtener premios especiales (galardones) cuando el Señor venga por segunda vez, (1 Corintios 3:11–15, 1 Corintios 9:24–25, Apocalipsis 22:12). Dichos pecados pueden ser perdonados si los reconocemos, si nos arrepentimos de ellos, si nos proponemos en el nombre del Señor no volver a cometerlos, y si pedimos perdón a Dios en oración. *"Todo aquel que comete pecado, infringe también la Ley, pues el pecado es infracción de la Ley. Y sabéis que él apareció para quitar nuestros pecados, y no hay pecado en él. Todo aquel que permanece en él, no peca. Todo aquel que peca, no lo ha visto ni lo ha conocido. Hijitos, nadie os engañe; el que hace justicia es justo, como él es justo. El que practica el pecado es del diablo, porque el diablo peca desde el principio. Para esto apareció el Hijo de Dios, para deshacer las obras del diablo. Todo aquel que es nacido de Dios no practica el pecado, porque la simiente de Dios permanece en él; y no puede pecar, porque es nacido de Dios"* (1 Juan 3:4–9 RVR95). En otras palabras, el que es nacido de Dios en ocasiones comete pecado, pero no practica el pecado.

Continuando con el ejemplo que estamos considerando, acerca de la posibilidad de ser probados mediante dificultades en nuestra relación matrimonial, el Señor Jesús dijo que no es lícito divorciarse y volverse a casar con un nuevo cónyuge por ninguna causa, excepto por causa de fornicación, es decir, si el esposo o la esposa han sido hallados en infidelidad sexual: *"Y yo os digo que cualquiera que repudia a su mujer, salvo por causa de fornicación, y se casa con otra, adultera; y el que se casa con la repudiada, adultera"* (Mateo 19:9 RVR95). (Vea además: 1 Corintios 7:10–11). El Señor Jesús dejó ver claro que la infidelidad sexual no tiene que ser tolerada; aunque tampoco es obligatorio divorciarse, como podemos ver del ejemplo del profeta Oseas. Hay casos en los que el divorcio se vuelve necesario, por diversas causas no relacionadas con la infidelidad sexual, como por ejemplo la violencia doméstica, el abuso de las drogas, etc. Pero en esos casos no relacionados con la infidelidad sexual, si el cónyuge decide divorciarse no podrá volver a casarse con otro cónyuge diferente, ya que si lo hace se le contará como pecado de adulterio. Siendo así las cosas, el Señor frecuentemente permite que muchos tengan problemas, diferencias y contiendas con su esposa o esposo, los cuales pueden ser graves e irreconciliables. La gran mayoría de los que no son cristianos simplemente se divorcian cuando tienen cualquier tipo de diferencia con sus cónyuges, y se vuelven a casar con una nueva esposa o con un nuevo esposo, aun cuando el Señor nos advirtió claramente que sólo podemos hacerlo si ha habido infidelidad sexual, como mencionamos hace un momento. Y no sólo los que no son cristianos se divorcian y se vuelven a casar cuando tienen cualquier problema en su matrimonio, sino que también muchos cristianos sucumben ante esta dura prueba.

Un primer grupo que consideraremos está conformado por cristianos que conocen poco la palabra de Dios y desobedecen por ignorancia. Se tienen a sí mismos por cristianos, pero leen poco la Biblia y no saben lo que se debe hacer en diferentes situaciones. En este caso, el no saberlo no los librará de responder ante Dios por su desobediencia; porque todos tendremos que darle explicaciones al Señor Jesús acerca de lo que hayamos hecho: *"Porque es necesario que todos nosotros comparezcamos ante el tribunal de Cristo, para que cada uno reciba según lo que haya hecho mientras estaba en el cuerpo, sea bueno o sea malo (2 Corintios 5:10 RVR 1960).* Y cuando nos presentemos ante del tribunal de Cristo, no podremos justificarnos diciendo que no sabíamos que lo que hicimos era pecado: *"...ni digas delante del ángel, que fue ignorancia..." (Eclesiastés 5:6 RVR 1909).* Para eso nos ha dado Dios Su palabra en la Biblia, y es nuestra responsabilidad conocerla.

Otro grupo de cristianos que sucumbe ante esta prueba, no sucumbe por ignorancia, sino con plena consciencia de que el Señor dio dicha orden; y aunque sabe lo que el Señor dijo, de todos modos desobedece. Su lógica, consciente o inconscientemente, quizás es la siguiente: "Yo obedezco en todo lo que puedo, en todo lo que está a mi alcance, y en todo lo que no me perjudique o me cause trastornos.

Y puesto que es mayor el número de las cosas que obedezco que el número de las cosas que desobedezco, tengo un balance positivo y no creo tener muchos problemas cuando me presente ante del tribunal de Cristo". Y con una auto-justificación como esta, o con alguna semejante, se sienten tranquilos al desobedecer deliberadamente. Pero argumentos como este son inaceptables delante de Dios, ya que se nos advierte lo siguiente: *"Tú encargaste que sean muy guardados tus mandamientos"* (Salmo 119:4 RVR 1909). Dios tiene muy mal concepto de los que se prestan consciente y voluntariamente a la desobediencia: *"Reprendiste a los soberbios, los malditos, que se desvían de tus mandamientos"* (Salmo 119:21 RVR95). La palabra de Dios nos advierte que no debemos pecar deliberadamente: *"Porque si pecáremos voluntariamente después de haber recibido el conocimiento de la verdad, ya no queda más sacrificio por los pecados, sino una horrenda expectación de juicio, y de hervor de fuego que ha de devorar a los adversarios. El que viola la ley de Moisés, por el testimonio de dos o de tres testigos muere irremisiblemente. ¿Cuánto mayor castigo pensáis que merecerá el que pisoteare al Hijo de Dios, y tuviere por inmunda la sangre del pacto en la cual fue santificado, e hiciere afrenta al Espíritu de gracia? Pues conocemos al que dijo: Mía es la venganza, yo daré el pago, dice el Señor. Y otra vez: El Señor juzgará a su pueblo. ¡Horrenda cosa es caer en manos del Dios vivo!* (Hebreos 10:26–31 RVR 1960). (Vea además: Hebreos 3:18). Por lo tanto, es necesario ser cuidadosos en guardar lo que el Señor nos ordena en Su palabra, aunque no vaya de acuerdo a nuestros deseos o intereses personales, familiares o profesionales; o aunque traiga sufrimiento a nuestras vidas.

Y habiendo considerado este ejemplo, entre otros muchos que podríamos considerar, tengamos presente que en ocasiones Dios nos prueba para saber qué es lo que hay en nuestros corazones; para observar de qué manera reaccionaremos ante la prueba, si es que estamos dispuestos a obedecerle o no, y en base a ello juzgarnos en el día del juicio, como vimos al inicio de esta sección, en los textos de Eclesiastés 3:16–18 y Apocalipsis 20:12. Dichas pruebas muy frecuentemente nos llevan a experimentar el sufrimiento.

Dispongámonos a conocer más Su palabra para saber qué hacer en el momento oportuno; para obedecerle cada vez más, y cada vez mejor: *"Te acordarás de todo el camino por donde te ha traído Jehová, tu Dios, estos cuarenta años en el desierto, para afligirte, para probarte, para saber lo que había en tu corazón, si habías de guardar o no sus mandamientos"* (Deuteronomio 8:2 RVR95).

2.4 Por causa de los pecados de nuestros ancestros

Además de discutir cómo es que el cristiano puede experimentar sufrimiento por causa de los pecados de sus ancestros, en la presente sección analizaremos también las razones por las que se pierden eternamente las personas que nunca han escuchado el mensaje del evangelio. El análisis de este segundo asunto se vuelve necesario e inevitable debido a que está ligado estrechamente con el asunto que nos toca tratar en esta sección, de manera que es prácticamente imposible ocuparnos exclusivamente de uno de estos dos asuntos sin tocar el otro. ¿Qué pasa con los que no han tenido oportunidad de escuchar el evangelio? Puesto que nunca escucharon el evangelio, ¿por qué se pierden eternamente? ¿Tienen ellos posibilidad de ser salvos de alguna manera? Estas son preguntas a las que trataremos de dar respuesta en la presente sección.

Desde el principio, desde el tiempo en que vivieron Adán y Eva en el huerto del Edén, fue conocida en este mundo la existencia del Dios verdadero. Desde el tiempo de los patriarcas bíblicos de los que se nos habla en los primeros capítulos del libro del Génesis y hasta hoy, siempre los padres que andan en los caminos del Señor han procurado y procuran hoy enseñar a sus hijos a buscar a Dios, a obedecerle, a mantenerse cerca de Él, y a pasar más adelante ese conocimiento a los hijos de sus hijos. De hecho, Dios estableció que fuese hecho así: *"El estableció testimonio en Jacob, y puso ley en Israel;*

la cual mandó a nuestros padres que la notificasen a sus hijos; para que lo sepa la generación venidera, y los hijos que nacerán; y los que se levantarán, lo cuenten a sus hijos; a fin de que pongan en Dios su confianza, y no se olviden de las obras de Dios, y guarden sus mandamientos..." (Salmo 78: 5–7 RVR 1909).

Desde el tiempo de los primeros patriarcas bíblicos y hasta hoy, al enseñar los padres a sus hijos el camino del Señor, siempre ha sucedido que unos hijos reciben esta enseñanza, y otros no. En la Biblia podemos ver cómo cada uno de los primeros patriarcas tenía muchos hijos (Génesis 5:4,7,10,13,16,19,22,26,30), y que sólo uno de los hijos de cada uno de ellos recibía la enseñanza de su padre, y sus demás hijos e hijas se apartaban del Señor. Todos esos hijos e hijas de los que se nos habla en los versículos recién citados, y la descendencia de todos ellos, murieron en el diluvio que ocurrió en tiempos de Noé (además de los hijos de Caín). Como sabemos, sólo a Noé y a su familia les concedió el Señor sobrevivir el diluvio: *"El año seiscientos de la vida de Noé, en el mes segundo a diecisiete días del mes, aquel día fueron rotas todas las fuentes del grande abismo, y las cataratas de los cielos fueron abiertas; y hubo lluvia sobre la tierra cuarenta días y cuarenta noches. En este mismo día entró Noé, y Sem, y Cam y Jafet, hijos de Noé, la mujer de Noé, y las tres mujeres de sus hijos con él en el arca"* (Génesis 7:11–13 RVR 1909).

Es fácil entender que si esos hijos e hijas, habiendo recibido de sus padres el conocimiento acerca de Dios y de la salvación que ofrece, y habiendo decidido no acercarse a Él, que por lo tanto tampoco considerarían importante dar a conocer ni informar a sus hijos acerca de ese Dios del cual les enseñaron sus padres, sus abuelos, y demás antepasados. Así, por culpa de esos hijos, que luego pasaron a ser padres, y que no enseñaban a sus propios hijos el camino del Señor, se perdía el conocimiento de Dios en esas familias. Los hijos de ellos y las generaciones siguientes habrían crecido sin conocer al Dios que los creó, y por lo tanto se perdían eternamente. Y así, toda la descendencia de Adán y de Eva pereció en el diluvio, excepto Noé y su familia.

Y lo mismo sucedió con la descendencia de Noé. Muchos de sus descendientes que decidieron alejarse del Señor y no enseñar a sus hijos el camino de Dios, se esparcieron hasta los rincones más alejados y remotos en los extremos del mundo; al sur de África, al lejano oriente, a la América prehispánica, al norte de Siberia, etc.; y constituyeron naciones alrededor del mundo, naciones que no conocían al Dios que los creó. Y siendo muchos de ellos inteligentes, y viendo las maravillas que hay en el mundo; viendo el amanecer cada día, viendo cómo germina una semilla para convertirse en un árbol, cómo nace un niño y cómo crece para convertirse en un hombre, cómo vuela imponente un águila en el cielo, cómo se evapora el agua después de la lluvia, entre otras muchas cosas dignas de admiración y asombro, entendieron que tales maravillas no pudieron haberse formado solas, ni haber surgido de la nada, como producto de la casualidad. Esas cosas tendrían que haber sido creadas por un Ser muy superior, al cual ellos no conocían. Esto los habría llevado a adorar al sol, a la luna, y a dioses inventados por ellos en su ignorancia. Tal habría sido el origen de deidades como los Baales, Astarot, Quemos, entre otros muchos, a quienes atribuían esas maravillas. Y todo esto por culpa de sus padres, quienes habiéndose alejado de Dios, privaron a sus hijos del conocimiento de Él: *"Jehová, fortaleza mía, fuerza mía y refugio mío en el tiempo de la aflicción, a ti vendrán naciones desde los extremos de la tierra, y dirán: Ciertamente mentira heredaron nuestros padres, una vanidad sin provecho alguno. ¿Hará acaso el hombre dioses para sí? Mas ellos no son dioses"* (Jeremías 16:19–20 RVR95). Acerca de esto continuaremos hablando un poco más adelante en la presente sección.

Así vemos como los hijos quedaban expuestos a sufrir consecuencias nefastas por causa del pecado de sus padres y antepasados quienes no les enseñaron a amar, a honrar, a obedecer y a temer al Dios que los creó, y que ni siquiera les informaron acerca de la existencia de Él; por no haber dado crédito dichos padres a la enseñanza de sus padres, o por no haberse querido someter a la autoridad de Dios; colocando así a sus hijos, ya sea por incredulidad o por rebeldía, bajo maldición de Dios: *"Pero acontecerá, si no oyes la voz de Jehová, tu Dios, y no procuras cumplir todos sus mandamientos y sus estatutos que yo te ordeno hoy, vendrán sobre ti y te alcanzarán todas estas maldiciones. Maldito serás tú en la ciudad y maldito en el campo... Maldito el fruto de tu vientre..."* (Deuteronomio 28:15,16,18 RVR95).

Es verdad que este mandamiento que acabamos de considerar, el cual se encuentra en Deuteronomio capítulo 28, fue dado por Dios al pueblo, a través de Moisés, muchos años después de los sucesos ocurridos a la gente que vivió antes de Noé, cuyos descendientes murieron ahogados cuando el diluvio tuvo lugar. Dios dio la ley a través de Moisés no como una acción preventiva, sino como una acción correctiva cuando el pecado ya había infectado e inundado el mundo. La ley que Dios dio al pueblo a través de Moisés permitió a los hijos de Israel conocer y concientizarse acerca de la existencia de la mayoría de los pecados que se pueden cometer cuando se está lejos de Él, y que le desagradan. Y utilizamos la palabra "mayoría", ya que en el Nuevo Testamento recibimos información adicional acerca de lo que agrada y desagrada a Dios (Mateo 5:21–22, Mateo 5:27–28, etc.). De manera que aun cuando no había ley antes de Moisés, aun así imperó la muerte: *"Antes de la Ley ya había pecado en el mundo; pero donde no hay Ley, no se inculpa de pecado. No obstante, reinó la muerte desde Adán hasta Moisés, aun en los que no pecaron a la manera de la transgresión de Adán..."* (Romanos 5:13–14 RVR95). Entonces, esos hijos que no conocieron a Dios por culpa de sus padres, ¿cómo es que se perdieron eternamente si no pecaron en forma consciente y voluntaria, puesto que todavía no estaba la ley para condenarlos? ¿Cómo es que pudieron estar sujetos a una ley que todavía no había sido establecida por Dios? La razón es porque no estuvieron a la altura de la expectativa de Dios para la cual fueron creados, puesto que Dios creó al ser humano para que fuera a Su imagen, es decir, para que pensara y actuara tal como Él lo hace, y para que lo imite tratando de ser santo, tal como Él es: *"Entonces dijo Dios: Hagamos al hombre a nuestra imagen, conforme a nuestra semejanza... Y creó Dios al hombre a su imagen, a imagen de Dios lo creó; varón y hembra los creó"* (Génesis 1:26–27 RVR 1960). Pero ¿cómo puede ser el hombre a imagen y semejanza de Dios; cómo puede pensar y actuar igual que Dios si no lo conoce? También creó Dios al hombre con el propósito de que alabe Su gloria, y ellos no alabaron a Dios ni le dieron gloria: *"En él* (en Cristo) *asimismo tuvimos herencia, habiendo sido predestinados conforme al propósito del que hace todas las cosas según el designio de su voluntad, a fin de que seamos para alabanza de su gloria, nosotros los que primeramente esperábamos en Cristo. En él también vosotros, habiendo oído la palabra de verdad, el evangelio de vuestra salvación, y habiendo creído en él, fuisteis sellados con el Espíritu Santo de la promesa, que es las arras de nuestra herencia hasta la redención de la posesión adquirida, para alabanza de su gloria" (Efesios 1:11–14 RVR95).* De manera que tanto los que llegaron a Cristo primero, como los que llegamos después al haber escuchado y recibido el mensaje de salvación anunciado por los que llegaron primero, fuimos creados para alabanza de Su gloria. Además, Dios creó al ser humano para que haga buenas obras. Por supuesto, nadie obtiene salvación por realizar buenas obras (Efesios 2:8–9), sino que más bien realizamos las buenas obras cuando ya hemos sido salvos y estamos en buena comunión con Dios, habiéndonos creado Dios precisamente con el propósito de que las realicemos: *"pues somos hechura suya, creados en Cristo Jesús para buenas obras, las cuales Dios preparó de antemano para que anduviéramos en ellas" (Efesios 2:10 RVR95).* Por lo tanto, todo aquel que se aleja o aparta de Dios, y que obviamente no le ofrece alabanza ni le da gloria, ni realiza las buenas obras que Dios espera de él, se coloca en posición de ser destruido; si bien no mediante otro diluvio, pero de una u otra manera será destruido: *"Ciertamente los que se alejan de ti perecerán; tú destruirás a todo aquel que de ti se aparta" (Salmo 73:27 RVR95).* Así, los descendientes de Adán y de Eva que no escucharon a sus padres cuando procuraban enseñarles el camino del Señor, que no quisieron conformarse a Su imagen y semejanza, que no ofrecieron alabanza a Dios, que no realizaron las buenas obras que Dios esperaba de ellos, y que se apartaron de Él; aun los hermanos de Noé según la carne, no habiendo seguido los caminos de su padre Lamec, quien fue padre de ellos y de Noé igualmente (Génesis 5:30), fueron destruidos todos mediante el diluvio. Igualmente los descendientes de Noé, posteriormente, no habiendo conocido a Dios porque sus padres no les enseñaron, perecieron de la misma manera; no por culpa de ellos, sino por culpa de sus padres. La palabra de Dios nos dice claramente: *"Todos los que sin la Ley han pecado, sin la Ley también perecerán..." (Romanos 2:12 RVR95).*

Dios desea que las personas sean advertidas de su mal camino para que tengan oportunidad de arrepentirse, pero si quien les debería de advertir (sus padres) no lo hace, los hijos de ellos que han pecado perecerán aun sin haber sido advertidos. Así el Señor, a través del profeta Ezequiel, nos enseña al respecto utilizando como ilustración a un vigilante observando desde la parte superior de la muralla de una ciudad, es decir, un atalaya: *"Pero si el atalaya viere venir la espada y no tocare la trompeta, y el pueblo no se apercibiere, y viniendo la espada, hiriere de él a alguno, éste fue tomado por causa de su pecado, pero demandaré su sangre de mano del atalaya" (Ezequiel 33:6 RVR 1960).* De este texto entendemos claramente que si los padres fallan y no advierten a sus hijos del mal que les vendrá si no andan en el camino del Señor, sus hijos perecerán eternamente por su propio pecado, pero Dios demandará la sangre de los hijos de mano de los padres.

La Biblia enseña que los hijos de los siervos de Dios heredarán bendición: *"Los hijos de tus siervos habitarán seguros, y su descendencia será establecida delante de ti" (Salmo 102:28 RVR 1960).* (Vea además: Salmo 103:17, Deuteronomio 28:4). Sin duda es bueno ser hijo de un siervo o sierva de Dios: *"Mírame, y ten misericordia de mí: da tu fortaleza a tu siervo, y guarda al hijo de tu sierva" (Salmo 86:16 RVR 1909).* También la Biblia nos enseña que los hijos sufren por causa del pecado de sus padres: *"Tú haces misericordia a millares, y castigas la maldad de los padres en sus hijos después de ellos. ¡Dios grande, poderoso, Jehová de los ejércitos es su nombre!" (Jeremías 32:18 RVR95).* (Vea además: Salmo 109:9–14, Mateo 27:25). Dios recuerda contra la gente los pecados de sus antepasados: *"No recuerdes contra nosotros las iniquidades de nuestros antepasados; vengan pronto tus misericordias a encontrarnos, porque estamos muy abatidos. (Salmo 79:8 RVR 1960).* Cuando las tropas del rey Nabucodonosor sitiaron la ciudad de Jerusalén para llevar cautivo al pueblo de Israel a Babilonia, el Señor entregó a la nación israelita en manos de los invasores por causa de su pecado, y sus hijos pequeños que no habían pecado sufrieron las consecuencias del pecado de sus padres y de generaciones anteriores: *"Mis ojos desfallecieron de lágrimas, se conmovieron mis entrañas, mi hígado se derramó por tierra a causa del quebrantamiento de la hija de mi pueblo, cuando desfallecía el niño y el que mamaba, en las plazas de la ciudad. Decían a sus madres: ¿Dónde está el trigo y el vino? Desfallecían como heridos en las calles de la ciudad, derramando sus almas en el regazo de sus madres... Levántate, da voces en la noche, al comenzar las vigilias; derrama como agua tu corazón ante la presencia del Señor; alza tus manos a él implorando la vida de tus pequeñitos, que desfallecen de hambre en las entradas de todas las calles"* (Lamentaciones 2:11,12,19 RVR 1960). Como podemos observar, en este caso se nos está hablando de personas que conocían a Dios; del pueblo de Dios que estaba siendo azotado por causa de su pecado, y de sus hijos pequeños que no habían pecado, sufriendo por causa del pecado de sus padres. Se cumplía así lo que antes había sido dicho en la Escritura: *"...la descendencia de los impíos será destruida"* (Salmo 37:28 RVR95).

Como acabamos de ver, desde tiempos antiguos el Señor advirtió a Su pueblo acerca de que aquellos que hicieran lo malo serían castigados, y no sólo ellos, sino también su descendencia: *"No tendrás dioses ajenos delante de mí. No te harás imagen ni ninguna semejanza de lo que esté arriba en el cielo, ni abajo en la tierra, ni en las aguas debajo de la tierra. No te inclinarás a ellas ni las honrarás, porque yo soy Jehová, tu Dios, fuerte, celoso, que visito la maldad de los padres sobre los hijos hasta la tercera y cuarta generación de los que me aborrecen..."* (Éxodo 20:3–5 RVR95). Sin embargo, puesto que el Señor es muy misericordioso, tiempo después ofreció dar oportunidad a los hijos para que no tuvieran necesariamente que sufrir el castigo por el pecado de sus padres; en este caso nos referimos a la condenación eterna. Para comunicar lo anterior, el Señor utilizó como ilustración la dentera, es decir, la sensación áspera e incómoda en los dientes o en las encías, que ocurre por comer alimentos ácidos: *"¿Qué pensáis vosotros, los que usáis este refrán sobre la tierra de Israel, que dice: Los padres comieron las uvas agrias, y los dientes de los hijos tienen la dentera? Vivo yo, dice Jehová el Señor, que nunca más tendréis por qué usar este refrán en Israel. He aquí que todas las almas son mías; como el alma del padre, así el alma del hijo es mía; el alma que pecare, esa morirá. Y el hombre que fuere justo, e hiciere según el derecho y la justicia... en mis ordenanzas caminare, y guardare mis decretos para hacer rectamente, éste es justo; éste vivirá, dice Jehová el Señor. Más si engendrare hijo ladrón, derramador de sangre... ¿vivirá éste? No vivirá. Todas estas abominaciones hizo; de cierto morirá, su sangre será sobre él. Pero si éste engendrare hijo, el cual viere todos los pecados que su padre hizo, y viéndolos no hiciere según ellos... guardare mis decretos y anduviere en mis ordenanzas; éste no morirá por la maldad de su padre; de cierto vivirá. Su padre, por cuanto hizo agravio, despojó violentamente al hermano, e hizo en medio de su pueblo lo que no es bueno, he aquí que él morirá por su maldad. Y si dijereis: ¿Por qué el hijo no llevará el pecado de su padre? Porque el hijo hizo según el derecho y la justicia, guardó todos mis estatutos y los cumplió, de cierto vivirá. El alma que pecare, esa morirá; el hijo no llevará el pecado del padre, ni el padre llevará el pecado del hijo; la justicia del justo será sobre él, y la impiedad del impío será sobre él" (Ezequiel 18:2–5,9–10,13–14,17–20 RVR 1960).* Así, podemos ver que los hijos que decidan andar en el camino del Señor pueden ser salvos y tener vida eterna, aun cuando sus padres vayan al infierno. Por supuesto, siempre y cuando los hijos tengan oportunidad de conocer al Señor a través de alguna otra persona, o por algún otro medio (radio, literatura, etc.), puesto que no recibieron el conocimiento del Señor a través de sus padres.

Si los padres no enseñaron a sus hijos el camino del Señor; si los hijos están lejos de Dios por culpa de sus padres y no por voluntad propia ¿tienen los hijos algún otro medio a través del cual puedan ser salvos y obtener vida eterna? El apóstol Pedro, en palabra del Señor, no nos dio esperanzas al respecto: *"Y en ningún otro hay salvación; porque no hay otro nombre bajo el cielo, dado a los hombres, en el que podamos ser salvos" (Hechos 4:12 RVR 1960).* Dios ha puesto a los hijos bajo la responsabilidad y el cuidado de sus padres, y podemos estar seguros de que si los padres descuidadamente permiten que sus hijos pequeños vayan a jugar a un campo lleno de serpientes venenosas, los hijos pueden morir por la picadura de una serpiente; si los padres maltratan a sus hijos desde su niñez, estos tenderán a crecer con traumas; si los padres en forma regular tratan a sus hijos con amor y respeto, estos adquirirán un estado emocional saludable y estable; si los padres animan y proveen a sus hijos los medios para realizar estudios profesionales, sus hijos podrán llegar a ser profesionistas; si dan libertad a sus hijos para que anden en malas compañías, se llenarán de malas costumbres; si les privan del conocimiento del Señor, los pondrán en el camino que lleva al infierno; si les enseñan el camino del Señor, no sólo con palabras sino también con un buen ejemplo, facilitarán el que sus hijos vengan a los pies de Cristo. Por supuesto que esto último aplica a los hijos que decidan recibir las enseñanzas de sus padres; porque como veíamos arriba, sabemos también que muchos hijos son rebeldes, y menosprecian y no valoran lo que sus padres les ofrecen.

Como comentamos antes, los padres, habiéndose alejado de Dios, no informaron a sus hijos y los privaron del conocimiento de Él. Y al irse multiplicando el número de personas en el mundo, se fueron esparciendo hasta los rincones más remotos de la tierra, constituyéndose en naciones a lo largo y ancho del planeta. Todas estas naciones, con excepción de Israel, carecían del conocimiento acerca del Dios que creó al ser humano, y de la salvación que ofrece. Sin embargo, el ofrecimiento de venir a Él siempre estuvo vigente para todas las naciones desde tiempos antiguos, sólo que no era conocido por ellas por las razones que ya hemos discutido: *"Mirad a mí, y sed salvos, todos los términos de la tierra: porque yo soy Dios, y no hay más"* (Isaías 45:22 RVR 1909). Pero Dios nos ha hecho saber en Su palabra que las naciones finalmente se enterarán acerca de esta salvación tan grande que ofrece, y vendrán a Él: *"Jehová, fortaleza mía, fuerza mía y refugio mío en el tiempo de la aflicción, a ti vendrán naciones desde los extremos de la tierra, y dirán: Ciertamente mentira heredaron nuestros padres, una vanidad sin provecho alguno. ¿Hará acaso el hombre dioses para sí? Mas ellos no son dioses. Por tanto, les enseñaré esta vez, les haré conocer mi mano y mi poder, y sabrán que mi nombre es Jehová"* (*Jeremías 16:19-21 RVR95*). El Señor ofreció la posibilidad de escapar de esa herencia de maldición, de manera que si los padres comieron las uvas agrias, ellos tengan la dentera, pero no sus hijos.

Puesto que los ancestros y los padres que dieron lugar a la formación de las naciones que están alrededor del mundo fallaron en realizar la tarea de informar a sus hijos que el Dios que los creó les ofrece salvación y vida eterna, esos hijos no tienen otra manera de conocer a Dios y de ser rescatados de la perdición perpetua más que a través de la obra misionera (1 Pedro 1:18). Cristo encomendó a sus discípulos que lleven a cabo la tarea que debieron haber realizado los ancestros y los padres de las naciones: *"Y Jesús se acercó y les habló diciendo: Toda potestad me es dada en el cielo y en la tierra. Por tanto, id, y haced discípulos a todas las naciones, bautizándolos en el nombre del Padre, y del Hijo, y del Espíritu Santo; enseñándoles que guarden todas estas cosas que os he mandado; y he aquí yo estoy con vosotros todos los días, hasta el fin del mundo. Amén"* (*Mateo 28:18-20 RVR 1960*).

2.5   Por servir al Señor

Servir al Señor trae a la vida del cristiano alegrías indescriptibles y enormes satisfacciones. Pero al mismo tiempo, es imposible servir a Dios y hacer Su voluntad sin padecer sufrimiento. Quizás sea posible no experimentar sufrimiento si servimos a Dios un día o dos, de manera ocasional y extraordinaria. Pero si el cristiano se propone servir al Señor en un proyecto de mayor magnitud, de manera constante y por un período de tiempo considerable, sin duda vendrán ataques del enemigo, quien continuamente busca impedir u obstaculizar el servicio al Señor, presentando desánimo, trayendo a la mente del siervo de Dios dudas acerca de si eso realmente es lo que el Señor desea, infundiendo miedo, ofreciendo otras actividades tentadoras que realizar para sustituir el servicio al Señor, trayendo complicaciones en los asuntos de su vida diaria, generando dificultades económicas, poniendo en su mente deseos y motivaciones equivocadas e inadecuadas para hacer su trabajo, incitando a que se tomen malas decisiones, causando distracciones y pérdidas de tiempo, poniendo la atención en las necesidades personales antes que en las de la obra de Dios, buscando hacer pecar al cristiano para que no cuente con el visto bueno y respaldo de Dios; haciendo que los familiares y amigos del cristiano se disgusten, se opongan y critiquen sus planes de servicio; y presentando todo tipo de dificultades y estorbos con el propósito de impedir que el servicio al Señor sea realizado. Incluso, es posible que el ocuparnos de la obra de Cristo nos pueda poner en riesgo de muerte: *"...porque por la obra de Cristo estuvo próximo a la muerte, exponiendo su vida para suplir lo que faltaba en vuestro servicio por mí"* (Filipenses 2:30 RVR 1960).

A lo largo de la historia del pueblo de Dios grandes planes y proyectos han quedado sin realizarse o inconclusos por estos y otros estorbos del enemigo. Satanás y sus huestes de demonios no sólo procurarán impedir que se lleve a cabo el servicio al Señor, sino que aun se esforzarán buscando que el cristiano no pueda vivir la vida cristiana de una manera tranquila y feliz y levantarán la oposición de los que lo rodean: *"Y también todos los que quieran vivir piadosamente en Cristo Jesús padecerán persecución..."* (2 Timoteo 3:12 RVR 1960).

Pero pensar en lo anterior no debe causar preocupación ni temor al cristiano. Antes bien, es necesario estar conscientes de que es natural que Satanás se oponga siempre al engrandecimiento del reino de Dios, y que si nosotros queremos vivir como ciudadanos de dicho reino y contribuir a su engrandecimiento, nos volveremos odiosos delante de él. Y si nuestro deseo es vivir en obediencia y de acuerdo a la voluntad de Dios, no tendremos otra opción más que experimentar su oposición. No hay razón para inquietarse por ello puesto que el Señor nos ha prometido Su respaldo: *"Estas cosas os he hablado, para que en mí tengáis paz. En el mundo tendréis aflicción: mas confiad, yo he vencido al mundo"* (Juan 16:33 RVR 1909). Es importante tener en mente que el poder que Dios nos da, por la presencia de Su Santo Espíritu en nuestras vidas, es muy superior al poder del enemigo que nos presenta oposición: *"Hijitos, vosotros sois de Dios, y los habéis vencido; porque el que en vosotros está, es mayor que el que está en el mundo"* (1 Juan 4:4 RVR 1909).

Dios pone alrededor de Sus siervos personas que les ayudan: *"Jehová está conmigo entre los que me ayudan..."* (Salmo 118:7 RVR 1960). Pero también Satanás utiliza personas que están alrededor de los siervos de Dios para molestarlos; personas que responden a la voz de Satanás, incitándolos contra los que quieren obedecer a Dios para estorbarles, causarles malestar y dificultades: *"Alejandro el calderero me ha causado muchos males; el Señor le pague conforme a sus hechos. Guárdate tú también de él, pues en gran manera se ha opuesto a nuestras palabras"* (2 Timoteo 4:14–15 RVR 1960).

Los siervos de Dios reciben ataques de parte de Satanás, pero Dios promete no entregarlos en sus manos: *"Muchas son las aflicciones del justo, pero de todas ellas lo librará Jehová"* (Salmo 34:19 RVR95). El mundo ofrece oposición al cristiano cuando busca servir al Señor, y el sufrimiento que eso produce en nuestras vidas es un reflejo de que no pertenecemos al mundo. Si fuéramos del mundo no sufriríamos oposición de su parte. Pero porque no somos del mundo, lo que este trae a nuestras vidas nos aflige, y nos lleva más bien a identificarnos con Cristo, quien también padeció por causa del mundo: *"... y en nada intimidados por los que se oponen, que para ellos ciertamente es indicio de perdición, más para vosotros de salvación; y esto de Dios. Porque a vosotros os es concedido a causa de Cristo, no sólo que creáis en él, sino también que padezcáis por él..."* (Filipenses 1:28–29 RVR 1960). Es indispensable identificarnos con Cristo en cuanto a Su sufrimiento para poder aspirar a ser herederos de Dios y coherederos con Cristo: *"Y si hijos, también herederos, herederos de Dios y coherederos con Cristo, si es que padecemos juntamente con él, para que juntamente con él seamos glorificados. Pues tengo por cierto que las aflicciones del tiempo presente no son comparables con la gloria venidera que en nosotros ha de manifestarse"* (Romanos 8:17–18 RVR 1960).

Mucha gente padece por hacer el mal, pero los cristianos debemos estar preparados mentalmente para padecer por hacer el bien, lo cual nos hace bienaventurados: *"Pero también si alguna cosa padecéis por causa de la justicia, bienaventurados sois. Por tanto, no os amedrentéis por temor de ellos, ni os inquietéis... Tened buena conciencia, para que en lo que murmuran de vosotros como de malhechores, sean avergonzados los que calumnian vuestra buena conducta en Cristo. Mejor es que padezcáis haciendo el bien, si la voluntad de Dios así lo quiere, que haciendo el mal"* (1 Pedro 3:14,16,17 RVR95). Si alguno padece por hacer la voluntad de Dios, por servirle y por hacer el bien, glorifique a Dios por ello: *"Amados, no os sorprendáis del fuego de la prueba que os ha sobrevenido, como si alguna cosa extraña os aconteciera. Al contrario, gozaos por cuanto sois participantes de los padecimientos de Cristo, para que también en la revelación de su gloria os gocéis con gran alegría. Si sois ultrajados por el nombre de Cristo, sois bienaventurados, porque el glorioso Espíritu de Dios reposa sobre vosotros. Ciertamente, por lo que hace a ellos, él es blasfemado, pero por vosotros es glorificado. Así que, ninguno de vosotros padezca como homicida, ladrón o malhechor, o por entrometerse en lo ajeno; pero si alguno padece como cristiano, no se avergüence, sino glorifique a Dios por ello. Es tiempo de que el juicio comience por la casa de Dios; y si primero comienza por nosotros, ¿cuál será el fin de aquellos que no obedecen al evangelio de Dios? Y "Si el justo con dificultad se salva, ¿qué pasará con el impío y el pecador?" De modo que los que padecen según la voluntad de Dios, encomienden sus almas al fiel Creador y hagan el bien"* (1 Pedro 4:12-19 RVR95).

Ser ciudadanos del reino de Dios, poder servirle y hacer Su voluntad son cosas demasiado preciosas. Y muy bien vale la pena padecer cualquier sufrimiento para poder gozar de las satisfacciones y alegrías que Dios da a los que le sirven, de Su presencia con nosotros y de Sus promesas para nuestras vidas, por toda la eternidad. Es importante tener en mente que Dios dará recompensa a los que le sirven (Mateo 6:20, Lucas 12:33).

2.6 Para enseñarnos a reconocer Su señorío

Dios le dio al ser humano el privilegio y la responsabilidad de señorear sobre Su creación. Su esfera de influencia como señor que administraría la creación de Dios es bastante amplia: *"Entonces dijo Dios: Hagamos al hombre a nuestra imagen, conforme a nuestra semejanza; y señoree en los peces del mar, en las aves de los cielos, en las bestias, en toda la tierra, y en todo animal que se arrastra sobre la tierra. Y creó Dios al hombre a su imagen, a imagen de Dios lo creó; varón y hembra los creó. Y los bendijo Dios, y les dijo: Fructificad y multiplicaos; llenad la tierra, y sojuzgadla, y señoread en los peces del mar, en las aves de los cielos, y en todas las bestias que se mueven sobre la tierra"* (Génesis 1:26–28 RVR 1960). Y sucedió tal como dijo el Señor. El ser humano recibió esta bendición, fructificó y se multiplicó, y comenzó a llenar la tierra. Y así, al irse multiplicando, fueron surgiendo grupos, pueblos y naciones, los cuales tuvieron líderes, gobernadores y reyes que señoreaban sobre ellos y sojuzgaban la tierra (Mateo 20:25).

Pero aunque el hombre pasaba a ser señor sobre la creación, él a su vez estaría bajo el señorío de Dios, puesto que era Dios quien le estaba ordenando, autorizando y empoderando para señorear sobre una creación que Él había hecho y que por lo tanto le pertenecía. No sólo hizo Dios el mundo y todo lo que en él hay, sino también al ser humano mismo.

Agradó al hombre la tarea de señorear y tuvo la tendencia a extralimitarse en ello. Como ejemplos podemos mencionar el caso cuando los egipcios se enseñorearon de los israelitas, teniéndolos en cautiverio y obligándolos a realizar trabajos forzados. También vemos cómo a lo largo de la historia de la humanidad muchas naciones han aprobado que sus ciudadanos se enseñoreen sobre las vidas de otros hombres para obligarlos a que les sirvan como esclavos. Al hombre le agradó señorear, pero le desagradó estar sometido a la autoridad y al señorío de Dios, y decidió comportarse como si el destino de su vida estuviera en sus propias manos.

En la presente sección consideraremos cómo en ocasiones Dios enseña a Sus siervos a reconocer y a respetar Su señorío, en especial cuando alguno se ve tentado a tener más alto concepto de sí en cuanto al privilegio y a la responsabilidad que Dios le ha concedido como señor sobre Su creación; o por si acaso vienen a las mentes de Sus siervos dudas acerca de quién es el que realmente señorea. Por supuesto que cuando Dios provee este tratamiento estará involucrada una buena dosis de sufrimiento. Para tal efecto enfocaremos nuestra atención en la experiencia de Nabucodonosor, rey de Babilonia.

Muchas personas que no son cristianas, teniendo al igual que los cristianos el privilegio y la responsabilidad de señorear sobre la creación de Dios (aunque muchas veces no están enterados ni conscientes de ello), no tienen interés en conocer al Señor, ni mucho menos tendrían de someterse bajo Su señorío. Pero este no era el caso de Nabucodonosor, rey de Babilonia. Él no conocía al Dios verdadero, que creó los cielos y la tierra, el mar y todo lo que en ellos hay; y por lo mismo no lo podía honrar. Nabucodonosor honraba a otros dioses, acerca de los cuales le habían enseñado sus padres y ancestros. Él entendía que había poderes superiores y sobrenaturales que estaban por encima de los hombres, y respetaba y veneraba a varios dioses, a quienes atribuía en su ignorancia dichos poderes. Al iniciar una de sus campañas militares, Nabucodonosor tuvo duda acerca de qué ciudad atacar primero, si Rabá de los hijos de Amón o Jerusalén. El Señor mostró al profeta Ezequiel el método que utilizó Nabucodonosor para pedir sabiduría y dirección a sus dioses, y decidir correctamente hacia qué ciudad movilizar sus tropas: *"Vino a mí palabra de Jehová, diciendo: Tú, hijo de hombre, traza dos caminos por donde venga la espada del rey de Babilonia; de una misma tierra salgan ambos; y pon una señal al comienzo de cada camino, que indique la ciudad adonde va. El camino señalarás por donde venga la espada a Rabá de los hijos de Amón, y a Judá contra Jerusalén, la ciudad fortificada. Porque el rey de Babilonia se ha detenido en una encrucijada, al principio de los dos caminos, para usar de adivinación; ha sacudido las saetas, consultó a sus ídolos, miró el hígado. La adivinación señaló a su mano derecha, sobre Jerusalén, para dar la orden de ataque, para dar comienzo a la matanza, para levantar la voz en grito de guerra, para poner arietes contra las puertas, para levantar vallados, y edificar torres de sitio" (Ezequiel 21:18–22 RVR 1960).*

Como sabemos, las tropas babilónicas conquistaron el reino de Judá y la ciudad de Jerusalén dos veces. La primera ocasión fue durante el reinado del rey Joaquín (2 Reyes 24:8–16), haciendo llevar cautivo a este y a un gran número de personas a Babilonia, y poniendo por rey de Judá a Matanías, quien era tío del recién depuesto rey Joaquín, a quien Nabucodonosor le cambió el nombre e hizo llamar Sedequías (2 Reyes 24:17–19). Pero ensoberbeciéndose y rebelándose Sedequías contra Nabucodonosor, quien lo puso por rey, subordinado a él, sobre Judá, vino Nabucodonosor por segunda ocasión contra Judá, esta vez con gran enojo, y azotó la ciudad de Jerusalén con mayor violencia, quemando la casa de Jehová, la casa del rey de Judá, todas las casas de la ciudad, derribando el muro que protegía la ciudad, entre otros graves daños y llevando cautivo otro grupo adicional de gente a Babilonia (2 Reyes 24:20 a 25:21).

Entre los cautivos de Judá que fueron transportados a Babilonia se encontraba Daniel, quien era un joven príncipe de Judá. El Señor, extendiendo Su gracia, utilizó a Daniel para que Nabucodonosor le conociera. Éste último, procurando tener representantes de la nación recién conquistada delante de él en su corte, que le ayudaran a entender mejor la forma de pensar de dicha nación, ordenó que fuesen traídos jóvenes príncipes, del linaje real de esa nación para que formaran parte de su consejo (Daniel 1:3–4).

Por ese tiempo, Nabucodonosor tuvo un sueño que le causó gran inquietud. El rey entendió que seguramente ese sueño tendría algún significado y deseó conocer su interpretación, y mandó llamar a los magos, astrólogos, encantadores y caldeos, para que le explicasen su sueño. Pero temía que estos le dieran una interpretación mentirosa. Para evitar eso, les ordenó que antes de darle la interpretación del sueño, le dijeran qué fue lo que soñó. Después de todo, si realmente tenían capacidad para conocer misterios ocultos, no deberían tener problema para conocer también qué fue lo que soñó. Y si el rey veía que los sabios eran capaces de decirle qué fue lo que soñó, entonces tendría confianza en que la interpretación que le dieran sería fidedigna (Daniel 2:9). Los magos y astrólogos no fueron capaces de revelar al rey lo que pedía, por lo que Nabucodonosor ordenó que los hicieran morir (Daniel 2:10-12). Daniel y sus compañeros israelitas que estaban con él en la corte del rey, siendo considerados igualmente entre los sabios del reino, fueron condenados también a la muerte, por lo cual Daniel habló con el rey y le pidió una oportunidad para interpretar su sueño y hacerle saber lo que demandaba, lo cual le fue concedido. Y después de haber orado con sus compañeros, le fue revelado por Dios a Daniel en un sueño nocturno el sueño del rey y su interpretación, por lo cual Daniel agradeció y alabó a Dios (Daniel 2:16-23).

Veíamos hace un momento que Nabucodonosor honraba y respetaba ídolos, es decir, dioses que no existen en realidad, ya que no conocía al Dios verdadero. Daniel fue presentado por Arioc, el capitán de la guardia, delante de Nabucodonosor, y mediante esta experiencia el Dios verdadero, extendiendo Su gracia, le permitió al rey Nabucodonosor conocerle de manera clara y sin que quedara lugar para dudas: *"Entonces Arioc llevó prontamente a Daniel ante el rey, y le dijo así: He hallado un hombre de los deportados de Judá, el cual dará al rey la interpretación. Respondió el rey y dijo a Daniel, al cual llamaban Beltsasar: ¿Podrás tú hacerme conocer el sueño que vi, y su interpretación? Daniel respondió al rey diciendo: El misterio que el rey demanda, ni sabios ni astrólogos, ni magos ni adivinos lo pueden revelar al rey. Pero hay un Dios en los cielos que revela los misterios, y él ha hecho saber al rey Nabucodonosor lo que ha de acontecer en los últimos días. Estos son tu sueño y las visiones que has tenido en tu cama: Estando tú, rey, en tu cama, te vinieron pensamientos por saber lo que había de suceder en lo por venir; y el que revela los misterios te mostró lo que ha de ser. Y a mí me ha sido revelado este misterio, no porque en mí haya más sabiduría que en los demás vivientes, sino para que se dé a conocer al rey la interpretación y para que entiendas los pensamientos de tu corazón. Tú,* rey, veías en tu sueño una gran imagen. Esta imagen era muy grande y su gloria, muy sublime. Estaba en pie delante de ti y su aspecto era terrible. La cabeza de esta imagen era de oro fino; su pecho y sus brazos, de plata; su vientre y sus muslos, de bronce; sus piernas, de hierro; sus pies, en parte de hierro y en parte de barro cocido. Estabas mirando, hasta que una piedra se desprendió sin que la cortara mano alguna, e hirió a la imagen en sus pies de hierro y de barro cocido, y los desmenuzó. Entonces fueron desmenuzados también el hierro, el barro cocido, el bronce, la plata y el oro, y fueron como tamo de las eras del verano, y se los llevó el viento sin que de ellos quedara rastro alguno. Pero la piedra que hirió a la imagen se hizo un gran monte que llenó toda la tierra. Este es el sueño. También la interpretación de él diremos en presencia del rey. Tú, rey, eres rey de reyes; porque el Dios del cielo te ha dado reino, poder, fuerza y majestad. Dondequiera que habitan hijos de hombres, bestias del campo y aves del cielo, él los ha entregado en tus manos, y te ha dado el dominio sobre todo. Tú eres aquella cabeza de oro. Después de ti se levantará otro reino, inferior al tuyo; y luego un tercer reino de bronce, el cual dominará sobre toda la tierra. Y el cuarto reino será fuerte como hierro; y como el hierro desmenuza y rompe todas las cosas, así él lo desmenuzará y lo quebrantará todo. Lo que viste de los pies y los dedos, en parte de barro cocido de alfarero y en parte de hierro, será un reino dividido; pero habrá en él algo de la fuerza del hierro, así como viste el hierro mezclado con barro cocido. Y por ser los dedos de los pies en parte de hierro y en parte de barro cocido, este reino será en parte fuerte y en parte frágil. Así como viste el hierro mezclado con barro, así se mezclarán por medio de alianzas humanas; pero no se unirán el uno con el otro, como el hierro no se mezcla con el barro. En los días de estos reyes, el Dios del cielo levantará un reino que no será jamás destruido, ni será el reino dejado a otro pueblo; desmenuzará y consumirá a todos estos reinos, pero él permanecerá para siempre, de la manera que viste que del monte se desprendió una piedra sin que la cortara mano alguna, la cual desmenuzó el hierro, el bronce, el barro, la plata y el oro. El gran Dios ha mostrado al rey lo que ha de acontecer en lo por venir; y el sueño es verdadero, y fiel su interpretación" (Daniel 2:25–45 RVR95).

Las palabras de Daniel impresionaron al rey Nabucodonosor en gran manera: *"Entonces el rey Nabucodonosor se postró sobre su rostro, se humilló ante Daniel, y mandó que le ofrecieran presentes e incienso"* (Daniel 2:46 RVR95). Sin duda le quedó muy claro al rey que el Dios del que hablaba Daniel era el Dios verdadero: *"El rey habló a Daniel, y dijo: Ciertamente el Dios vuestro es Dios de dioses, Señor de los reyes y el que revela los misterios, pues pudiste revelar este misterio"* (Daniel 2:47 RVR95).

Pero aunque el rey Nabucodonosor mostró respeto por el Dios de Daniel, a quien acababa de conocer de manera tan impresionante, y a quien llamó Dios de dioses y Señor de los reyes, en su corazón él se seguía considerando a sí mismo como el que verdaderamente poseía el señorío. El Dios de Daniel mostró al rey de Babilonia, a través de su sueño y de su interpretación, que su reino no perduraría para siempre. Daniel dijo al rey que la estatua que soñó representaba la historia de la humanidad a partir de ese momento en el que se encontraban. Dios mostró a Nabucodonosor que su reino era sólo la primera parte de la historia, es decir, un reino de gran esplendor representado por la cabeza que era de oro; pero que vendría un tiempo en el que su reino llegaría a su fin; y después de él vendría otro reino inferior, colocado abajo de la cabeza de oro, representado en el sueño por el pecho y los brazos de plata de la estatua; el cual nosotros, viendo la historia retrospectivamente, sabemos que fueron los reinos de Media y de Persia, los cuales estuvieron unidos en ese entonces. Y después del reino representado por la plata vendría otro reino todavía inferior, representado en la estatua del sueño por el bronce, el cual vino a ser el reino de Grecia. Y a la caída de Grecia vendría un imperio inferior al anterior, pero muy fuerte, representado en la estatua del sueño por el hierro, el cual sabemos que fue el imperio romano. Y en el tiempo presente, que nos toca vivir a usted amable lector y a este servidor, todavía está por venir un reino más, el quinto imperio, representado por los pies de hierro mezclado con barro cocido, el cual no ha venido aún. Y después de este vendrá el reino de Jesucristo, que aparece representado en el sueño de Nabucodonosor como la piedra que es cortada de un monte, la cual golpea a la estatua en sus pies, hechos en parte de hierro y en parte de barro cocido, causando así que toda la estatua fuera desmenuzada, y que sus restos fueran llevados por el viento como si fueran paja, sin que de ella quedara rastro alguno; es decir, dando así por terminada la historia de la humanidad. Dicha piedra que destruyó la estatua se convirtió en un gran monte que llenó toda la tierra, la cual representa el reino de Jesucristo que no será jamás destruido (Thru the Bible with J. Vernon McGee, volumen 3, páginas 538 a 542).

Dios le mostró claramente a Nabucodonosor en su sueño que su reino no era toda la estatua, sino sólo la cabeza de oro, y que a su tiempo él y su reino pasarían dando lugar al reino siguiente, de plata, y después a otros reinos. Sin embargo, Nabucodonosor se rebeló ante dicha visión y mandó construir una estatua que era toda de oro, dando a entender con ello que no aceptaba la revelación que le hizo el Dios de Daniel acerca de una estatua de diferentes materiales. Es decir, que Nabucodonosor estaba dando a entender que su reino de oro perduraría durante toda la historia de la humanidad y que nunca pasaría ni dejaría lugar a ningún otro reino después de él. La estatua de varios materiales sólo existió en el sueño de Nabucodonosor, pero la estatua que este mandó construir sí estaba hecha toda de oro. Además, el rey ordenó que se adorase a dicha estatua (Daniel 3:1,4,5), dando a entender con ello que su reino era el que dominaría el mundo durante toda la historia de la humanidad. Y al ordenar que todos adorasen la estatua, estaba dando a entender que todo mundo debería someterse a su reino y a su autoridad por siempre, y no a otro reino posterior ni a nadie más.

Pero aunque el rey Nabucodonosor se había dejado llevar por la soberbia, el Señor en Su gracia no dejó que las cosas quedaran así. Dios proveyó para él un tratamiento, que lamentablemente fue bastante fuerte y doloroso, pero muy efectivo. Nabucodonosor mismo nos narra en la Biblia la manera en que Dios trató con él y le hizo entender que no era él, como rey de Babilonia, quien verdaderamente señoreaba, sino Dios en los cielos. Aunque Nabucodonosor había conocido al Dios verdadero en el pasado a través de Daniel, había vuelto atrás. Pero el

Dios de Daniel, en Su misericordia y por Su gracia, hizo saber muy claramente al rey quién es el que verdaderamente señorea. Y puesto que sería imposible explicarlo mejor que como lo explicó el mismo Nabucodonosor, en seguida consideraremos el testimonio que él nos dejó, para nuestra información y para nuestro provecho en la fe; helo aquí: *"Nabucodonosor, rey, a todos los pueblos, naciones y lenguas que moran en toda la tierra: Paz os sea multiplicada. Conviene que yo declare las señales y milagros que el Dios Altísimo ha hecho conmigo. ¡Cuán grandes son sus señales y cuán potentes sus maravillas! Su reino, reino sempiterno; su señorío, de generación en generación. Yo, Nabucodonosor, estaba tranquilo en mi casa, floreciente en mi palacio. Tuve un sueño que me espantó; tendido en la cama, las imaginaciones y visiones de mi cabeza me turbaron. Por esto mandé que vinieran ante mí todos los sabios de Babilonia para que me dieran la interpretación del sueño. Y vinieron magos, astrólogos, caldeos y adivinos, y les conté el sueño, pero no me pudieron dar su interpretación, hasta que entró ante mí Daniel, cuyo nombre es Beltsasar, como el nombre de mi dios, y en quien mora el espíritu de los dioses santos. Conté delante de él el sueño, diciendo: Beltsasar, jefe de los magos, ya que he entendido que hay en ti espíritu de los dioses santos y que ningún misterio se te esconde, declárame las visiones de mi sueño que he visto, y su interpretación. Estas fueron las visiones de mi cabeza mientras estaba en mi cama: Me parecía ver en medio de la tierra un árbol cuya altura era grande. Crecía este árbol, y se hacía fuerte, y su copa llegaba hasta el cielo y se le alcanzaba a ver desde todos los confines de la tierra. Su follaje era hermoso, su fruto abundante y había en él alimento para todos. Debajo de él, a su sombra, se ponían las bestias del campo, en sus ramas anidaban las aves del cielo y se mantenía de él todo ser viviente. Vi en las visiones de mi cabeza, mientras estaba en mi cama, que un vigilante y santo descendía del cielo. Clamaba fuertemente y decía así: Derribad el árbol y cortad sus ramas, quitadle el follaje y dispersad su fruto; váyanse las bestias que están debajo de él, y las aves de sus ramas. Mas la cepa de sus raíces dejaréis en la tierra, con atadura de hierro y de bronce entre la hierba del campo; que lo empape el rocío del cielo, y con las bestias sea su parte entre la hierba de la tierra. Su corazón de hombre sea* cambiado y le sea dado corazón de bestia, y pasen sobre él siete tiempos. La sentencia es por decreto de los vigilantes y por dicho de los santos la resolución, para que conozcan los vivientes que el Altísimo gobierna el reino de los hombres, que a quien él quiere lo da y sobre él constituye al más humilde de los hombres. Yo, el rey Nabucodonosor, he visto este sueño. Tú, pues, Beltsasar, darás su interpretación, porque ninguno entre los sabios de mi reino lo ha podido interpretar; pero tú puedes, porque habita en ti el espíritu de los dioses santos. Entonces Daniel, cuyo nombre era Beltsasar, quedó atónito casi una hora, y sus pensamientos lo turbaban. El rey habló y dijo: Beltsasar, no te turben ni el sueño ni su interpretación. Beltsasar respondió y dijo: Señor mío, el sueño sea para tus enemigos y su interpretación para los que mal te quieren. El árbol que viste, que crecía y se hacía fuerte, cuya copa llegaba hasta el cielo, que se veía desde todos los confines de la tierra, cuyo follaje era hermoso y su fruto abundante, en el que había alimento para todos, debajo del cual vivían las bestias del campo y en cuyas ramas anidaban las aves del cielo, tú mismo eres, oh rey, que creciste y te hiciste fuerte, pues creció tu grandeza y ha llegado hasta el cielo, y tu dominio hasta los confines de la tierra. En cuanto a lo que vio el rey, un vigilante y santo que descendía del cielo y decía: Cortad el árbol y destruidlo; mas la cepa de sus raíces dejaréis en la tierra, con atadura de hierro y de bronce en la hierba del campo; que lo empape el rocío del cielo, y con las bestias del campo sea su parte hasta que pasen sobre él siete tiempos, esta es la interpretación, oh rey, y la sentencia del Altísimo, que ha venido sobre mi señor, el rey: Que te echarán de entre los hombres y con las bestias del campo será tu habitación, con hierba del campo te apacentarán como a los bueyes y con el rocío del cielo serás bañado; y siete tiempos pasarán sobre ti, hasta que conozcas que el Altísimo tiene dominio en el reino de los hombres, y que lo da a quien él quiere. Y en cuanto a la orden de dejar en la tierra la cepa de las raíces del mismo árbol, significa que tu reino te quedará firme, después que reconozcas que es el cielo el que gobierna. Por tanto, oh rey, acepta mi consejo: redime tus pecados con justicia, y tus iniquidades haciendo misericordias con los oprimidos, pues tal vez será eso una prolongación de tu tranquilidad. Todo esto vino sobre el rey Nabucodonosor: Al cabo de doce meses, paseando por el palacio *real de Babilonia, habló el rey y dijo: ¿No es ésta la gran Babilonia que yo edifiqué para casa real con la fuerza de mi poder, y para gloria de mi majestad? Aún estaba la palabra en la boca del rey, cuando vino una voz del cielo: A ti se te dice, rey Nabucodonosor: El reino te ha sido quitado; de entre los hombres te arrojarán, con las bestias del campo será tu habitación y como a los bueyes te apacentarán; y siete tiempos pasarán sobre ti, hasta que reconozcas que el Altísimo tiene el dominio en el reino de los hombres, y lo da a quien él quiere. En la misma hora se cumplió la palabra sobre Nabucodonosor: Fue echado de entre los hombres, comía hierba como los bueyes y su cuerpo se empapaba del rocío del cielo, hasta que su pelo creció como plumas de águila y sus uñas como las de las aves. Al fin del tiempo, yo, Nabucodonosor, alcé mis ojos al cielo y mi razón me fue devuelta; bendije al Altísimo, y alabé y glorifiqué al que vive para siempre: Su dominio es sempiterno; su reino, por todas las edades. Considerados como nada son los habitantes todos de la tierra; él hace según su voluntad en el ejército del cielo y en los habitantes de la tierra; no hay quien detenga su mano y le diga: ¿Qué haces? En el mismo tiempo mi razón me fue devuelta, la majestad de mi reino, mi dignidad y mi grandeza volvieron a mí, y mis gobernadores y mis consejeros me buscaron; fui restablecido en mi reino, y mayor grandeza me fue añadida. Ahora yo, Nabucodonosor, alabo, engrandezco y glorifico al Rey del cielo, porque todas sus obras son verdaderas y sus caminos justos; y él puede humillar a los que andan con soberbia"* (Daniel 4:1–37 RVR95).

Así, el Señor enseñó al rey Nabucodonosor a reconocer Su señorío, sobre su persona, sobre su reino y sobre la historia de la humanidad. De aquí es importante aprender que como cristianos debemos humillarnos voluntariamente bajo la poderosa mano de Dios (1 Pedro 5:6) reconociendo que Él señorea sobre nuestras vidas, sobre las circunstancias y sobre el universo. Y si alguno, ensoberbeciéndose, se resiste a reconocer que es Dios quien realmente señorea sobre todo y sobre todos, es posible que el Señor le enseñe; y por supuesto, involucrándose en el proceso una buena dosis de sufrimiento.

2.7   Para formar y moldear nuestro carácter

Cuando una persona recibe a Cristo como su Señor y Salvador pasa a ser hijo de Dios: *"A lo suyo vino, y los suyos no le recibieron. Mas a todos los que le recibieron, a los que creen en su nombre, les dio potestad de ser hechos hijos de Dios"* (Juan 1:11–12 RVR 1960). Y una vez que la persona ha sido hecho hijo o hija de Dios pasa a tener un lugar dentro de los planes divinos; los planes de Dios para su vida se vuelven conocidos y manifiestos a su tiempo: *"Por Jehová son ordenados los pasos del hombre y él aprueba su camino"* (Salmo 37:23 RVR95). Si ponemos atención, nos daremos cuenta de que en el versículo recién citado no se habla de todo mundo, sino sólo de los que andan en el camino del Señor, lo cual se puede comprobar al leer los versículos que siguen inmediatamente después: *"Cuando el hombre caiga, no quedará postrado, porque Jehová sostiene su mano. Joven fui y he envejecido, y no he visto justo desamparado ni a su descendencia que mendigue pan. En todo tiempo tiene misericordia y presta. Su descendencia es para bendición"* (Salmo 37:24–26 RVR95). Aunque Dios tiene control sobre los Suyos y también sobre los que no lo son, de cualquier manera, en el texto recién citado vemos que sólo se habla de los que andan en el camino del Señor.

Dios diseña y prepara planes maravillosos para los Suyos. Pero los hijos de Dios, tal como se encuentran cuando acaban de llegar a Cristo, generalmente no están listos para desempeñar su rol dentro de los planes de Dios, por lo que necesitan pasar por un proceso de capacitación o formación, el cual invariablemente va acompañado de sufrimiento. De manera que así como un alfarero toma barro y le da la forma que quiere, ya sea un vaso, un plato, un jarrón, etc., así Dios nos moldea y nos da la forma que desea, de acuerdo a Su voluntad.

En la Biblia encontramos un buen número de casos en los que se puede observar lo anterior. En esta ocasión ilustraremos lo que hemos considerado poniendo nuestra atención en el caso de Moisés, siervo de Dios. Andando él en el camino del Señor le fueron preparadas dos tareas muy delicadas e importantes: dirigir al pueblo de Israel en su salida del cautiverio en Egipto y recibir de Dios la ley para el pueblo. Para poder realizar dichas tareas Moisés necesitó recibir una formación.

Como nos narra el libro del Éxodo, Moisés nació en Egipto en un tiempo en el que el número de los hijos de Israel se había multiplicado en gran manera, tanto que la nación egipcia tuvo temor de que los israelitas se volvieran muy fuertes por ser tan numerosos y que se fueran a rebelar y a liberar de su cautiverio, e incluso que pudieran causarles problemas o hacerles daño. Por lo cual, Faraón, rey de Egipto, ordenó a las parteras que asistían a las mujeres hebreas a la hora de dar a luz, que al ver a los recién nacidos, si eran niños los mataran, y si eran niñas les conservaran la vida, para así tener menos posibles guerreros enemigos y más empleadas domésticas (Éxodo 1:15–16).

Dentro de ese marco fue que ocurrió el nacimiento de Moisés, y por las razones recién expuestas, la madre de Moisés con gran tristeza y dolor no pudo conservarlo. Y no teniendo corazón para matarlo ella misma, optó por colocarlo en una pequeña balsa de juncos y lo puso en el río Nilo para que se lo llevara la corriente y no verlo cuando muriera (Éxodo 2:1–4). Pero Dios proveyó las condiciones para que el niño fuera sacado de las aguas del río por orden de la hija de Faraón, y conservado y criado por ella como si fuera su propio hijo (Éxodo 2:5–10). De manera que así, Dios dio a Moisés la oportunidad de crecer recibiendo una educación inmejorable, siendo instruido en lo más avanzado de las ciencias y de las artes en el palacio real y teniendo a Faraón como si fuera su abuelo.

Moisés había adquirido el aspecto y la personalidad de un varón egipcio (Éxodo 2:19). Pero de acuerdo a la voluntad de Dios, la estancia de Moisés en el palacio real no sería para toda su vida, sino sólo por cierto tiempo, con el propósito de que adquiriera la mejor educación disponible en el mundo en esa época, y para que conociera muy de cerca, desde su juventud, al que luego llegaría a ser el nuevo Faraón (Éxodo 2:15 y 4:19), con quien tendría tratos más adelante, cuando llegara el tiempo en que el Señor lo enviaría a dirigir la salida de los hijos de Israel de su cautiverio.

De esta manera, cuando los objetivos de Dios para la primera etapa del proceso de formación de Moisés fueron alcanzados, el Señor hizo que el tiempo de Moisés en el palacio de Faraón llegara a su fin; y puesto que la vida de Moisés pasó a correr peligro en Egipto debido a una situación inesperada que se suscitó, puso Dios en la mente de Moisés ir a habitar en la tierra de Madián (Éxodo 2:15). Después de esa primera etapa en la vida de Moisés, en la que le fue dado vivir como un príncipe, en medio de riquezas y disfrutando de lo mejor, paladeando los platillos más exquisitos, vistiendo ropas espléndidas y conociendo a las princesas más hermosas, Dios trajo una nueva etapa a su vida en la que viviría como un hombre rústico y campirano, ocupándose de cuidar ovejas que no eran suyas (Éxodo 3:1). Todo esto también como parte del proceso de formación que Dios estaba proveyendo para Moisés; para que pudiera estar capacitado para servirle de manera óptima en el futuro.

Así, siendo Moisés miembro del pueblo de Dios, el Señor diseñó y preparó un programa especial para él, a su medida, a través del cual recibiría capacitación y formación para poder servirle. Inicialmente, como vimos, le dio Dios el ser instruido en lo mejor de las ciencias y de las artes de su tiempo, y el experimentar lo que se siente estar en una posición honorable y de liderazgo ante toda una nación, aunque no fuera por sus méritos propios, sino por la posición que tenía dentro de la familia real de Egipto. Y habiendo adquirido Moisés esos conocimientos y esa experiencia, posteriormente le enseñó Dios a vivir con humildad y sencillez. Entrenó Dios a Moisés para ser capaz de caminar grandes distancias por el desierto dirigiendo ovejas, lo cual necesitaría más tarde para saber cómo guiar al pueblo en su ruta hacia la tierra prometida. Además enseñó Dios a Moisés a apacentar y a pastorear a las ovejas, lo cual más adelante le ayudaría para saber cómo apacentar y pastorear a la nación israelita (Éxodo 3:1).

Seguramente estando Moisés en medio de esta segunda etapa de su vida, experimentando la humildad y acercándose ya a los 80 años de edad (Éxodo 7:7), habría tenido momentos en los que reflexionaría y recordaría sus días de abundancia y de riqueza material en el palacio real de Egipto, cuando vivía con toda elegancia, y habiendo crecido como familiar del que ahora era el nuevo Faraón. Seguramente habría pasado por su mente que así terminaría su vida, habiendo venido a menos. Sin embargo, era apenas cuando estaba terminando su período de capacitación y formación que el Señor le proveía, necesario para poder realizar la tarea que Dios esperaba de él. Con la experiencia adquirida en esta segunda etapa de su formación, cualquier arrogancia que pudiera haber habido en su carácter, producto de su vida en el palacio, habría quedado atrás: *"Y aquel varón Moisés era muy manso, más que todos los hombres que había sobre la tierra"* (Números 12:3 RVR 1909). Si la formación de Dios hubiera sido al revés, primero que aprendiera la humildad y después que viviera en el palacio real de Egipto, seguramente no habría funcionado igual.

Y habiendo Dios formado y moldeado el carácter de Moisés, le capacitó para realizar las dos grandes obras por las que le conocemos hoy: dirigir al pueblo de Israel en su salida de Egipto y llevarlo hasta los límites de la tierra que Dios prometió a sus padres Abraham, Isaac y Jacob, que daría a su descendencia, donde pasaría la estafeta a Josué, su sucesor; y también recibir de Dios la ley que regiría el pensamiento y las acciones del pueblo de Israel, hasta que el Señor Jesús introdujera muchos años después el período de la gracia, en el cual nos encontramos el día de hoy.

De la misma manera el día de hoy, Dios forma y moldea el carácter de los que vienen a Él, capacitándolos para estar en posibilidad de desempeñar el rol que ha diseñado y preparado para cada uno. Por demás está decir que el proceso involucra sufrimiento, el cual bien vale la pena soportar, sabiendo que la voluntad de Dios se está llevando a cabo en nuestras vidas y que conducirá a bendición.

2.8 Para que podamos ver Su gracia

La palabra gracia se utiliza mucho en las iglesias y en la conversación de los cristianos. Sin embargo, muchos no entienden claramente el significado de la palabra, y por lo tanto tampoco el concepto que representa, el cual es vital en el mensaje del evangelio. Por este motivo conviene iniciar esta sección explicando brevemente qué es la gracia: Recibir gracia es recibir un beneficio que no nos hemos ganado, es decir, recibir algo bueno gratuitamente, a cambio de nada.

Dependiendo del contexto en el que se utiliza, la palabra gracia puede encontrar diferentes aplicaciones, normalmente expresando la misma idea. Por ejemplo, cuando decimos que alguien halló gracia delante de otra persona, significa que dicha persona fue vista con agrado por la otra sin que necesariamente hubiera hecho algo para merecerlo. Dar las gracias a alguien significa expresarle nuestro reconocimiento de que algo se nos dio sin que nos lo hayamos ganado y sin que estemos dando algo de valor a cambio. La palabra gracia puede también usarse para expresar indulto o perdón concedido por la autoridad a alguien que cometió un delito, sin que haya pagado por lo que hizo. Como podemos observar, en todos estos casos encontramos de una u otra manera la misma idea de recibir algo bueno sin tener que corresponder dando algo a cambio.

La palabra gracia puede tener también otros significados, como por ejemplo, uno de ellos es la acción o palabras que hacen reír, tal como una broma graciosa; otro ejemplo es cuando se dice: gracias a él, lo cual significa que por causa de dicha persona se realizó o se consiguió algo. Pero para efectos del asunto que nos interesa en esta sección, nos concentraremos sólo en el primer significado que hemos analizado, ya que es el que resume la esencia del mensaje del evangelio. Es decir, que Dios ofrece a los seres humanos perdón de sus pecados y salvación eterna, no teniendo que padecer castigo de condenación, y esto en forma gratuita, sin que las personas tengan que pagar nada ni hacer nada para ganarlo o merecerlo: *"Porque ¿qué dice la Escritura? Creyó Abraham a Dios, y le fue contado por justicia. Pero al que obra, no se le cuenta el salario como gracia, sino como deuda; mas al que no obra, sino cree en aquel que justifica al impío, su fe le es contada por justicia. Como también David habla de la bienaventuranza del hombre a quien Dios atribuye justicia sin obras, diciendo: Bienaventurados aquellos cuyas iniquidades son perdonadas, y cuyos pecados son cubiertos. Bienaventurado el varón a quien el Señor no inculpa de pecado"* (Romanos 4:3–8 RVR 1960).

Es importante notar también la significativa diferencia que existe entre la gracia y la misericordia. Ambas palabras expresan básicamente la misma idea, pero vista al revés. Como veíamos arriba, recibir gracia es recibir un beneficio que no nos hemos ganado, es decir, recibir algo bueno gratuitamente, a cambio de nada. Mientras que recibir misericordia es no recibir un castigo o condenación que sí nos hemos ganado y que merecemos. Las palabras están ligadas y resumiendo podemos decir que dar a alguien el perdón que no se merece es gracia; mientras que no darle el castigo que sí se merece es misericordia.

A veces el Señor nos hace pasar por situaciones difíciles que nos causan sufrimiento con el propósito de que podamos ver Su gracia. En ocasiones Dios nos hace experimentar problemas que parecen no tener solución, pareciéndonos haber llegado al final del camino. Y es en medio de esas circunstancias cuando nuestra mente y nuestro corazón están en mejores condiciones para observar y apreciar la gracia de Dios. En momentos en los que parecen presentarse obstáculos imposibles de superar, Dios asombrosamente nos sustenta y nos sostiene. Cuando caminamos por veredas que parecen obligarnos a transitar junto a precipicios, y cuando nubes negras se ciernen amenazantes sobre nosotros; cuando parece que el desastre es nuestra única alternativa y que inevitablemente caeremos al abismo de un momento a otro, para nuestro asombro observamos que no caemos, porque la buena mano de Dios nos sostiene: *"Mi socorro viene de Jehová, que hizo los cielos y la tierra. No dará tu pie al resbaladero; ni se dormirá el que te guarda"* (*Salmo 121:2–3 RVR 1909*).

Es en medio de circunstancias como estas cuando podemos sentir y palpar claramente la presencia de Dios a nuestro lado, Su protección y Su cuidado, librándonos de caer en el desastre: *"Caerán a tu lado mil, y diez mil a tu diestra; mas a ti no llegará... Por cuanto en mí ha puesto su amor, yo también lo libraré; le pondré en alto, por cuanto ha conocido mi nombre. Me invocará, y yo le responderé; con él estaré yo en la angustia; lo libraré y le glorificaré. Lo saciaré de larga vida, y le mostraré mi salvación"* (*Salmo 91:7,14–16 RVR 1960*). Es en medio del sufrimiento y de situaciones difíciles cuando podemos reconocer, apreciar y disfrutar la compañía del Señor dándonos de Su gracia: *"Cuando pases por las aguas, yo estaré contigo..."* (*Isaías 43:2 RVR 1960*).

Como ilustración de las consideraciones anteriores podemos observar la gracia de Dios para con David, proveyéndole salvación gratuitamente cuando ya estaba a punto de caer en manos de Saúl: *"Después subieron los de Zif para decirle a Saúl en Gabaa: ¿No está David escondido en nuestra tierra, en las peñas de Hores, en el collado de Haquila, que está al sur del desierto? Por tanto, rey, desciende ahora pronto, conforme a tu deseo, y nosotros lo entregaremos en manos del rey. Saúl les respondió: Benditos seáis vosotros de Jehová, que habéis tenido compasión de mí. Id, pues, ahora, aseguraos más, conoced y ved el lugar de su escondite, y quién lo haya visto allí; porque se me ha dicho que él es muy astuto. Observad, pues, e informaos de todos los escondrijos donde se oculta; regresad a mí con información segura y yo iré con vosotros. Si él está en la región, yo lo buscaré entre todas las familias de Judá. Ellos se levantaron y se fueron a Zif delante de Saúl. Pero David y su gente estaban en el desierto de Maón, en el Arabá, al sur del desierto. Fue Saúl con su gente a buscarlo; pero alguien avisó a David, el cual descendió a la peña y se quedó en el desierto de Maón. Cuando Saúl oyó esto, siguió a David al desierto de Maón. Saúl iba por un lado del monte, y David con sus hombres por el otro lado del monte. Se daba prisa David para escapar de Saúl, pero Saúl y sus hombres habían rodeado a David y a su gente para capturarlos. Entonces llegó un mensajero y dijo a Saúl: Ven en seguida, porque los filisteos han hecho una incursión en el país. Abandonó Saúl, por tanto, la persecución de David, y partió contra los filisteos..." (1 Samuel 23:19–28 RVR95).*

La presencia, la protección, el cuidado, la compañía y la salvación de Dios dados a nosotros por gracia, son más difíciles de observar cuando todo va bien y cuando el sol brilla en nuestras vidas.

2.9   Para enseñarnos a buscar Su rostro

Antes de que los seres humanos viniéramos al mundo, Dios pensó en cada uno de nosotros y nos creó: *"...en tu libro estaban escritas todas aquellas cosas que fueron luego formadas, sin faltar una de ellas"* (Salmo 139:16 RVR 1909). El sólo hecho de habernos creado le da derechos sobre nuestras vidas. Y no sólo nos creó, sino que también en la actualidad nos sustenta; nadie puede mantenerse vivo en este mundo sin Su intervención ni en contra de Su voluntad. Habiéndonos creado el Señor, nos tomó cariño y no poco, nos amó en gran manera (Efesios 2:4). La magnitud de Su amor hacia nosotros está a la altura de Su grandeza.

Y aun siendo tal la diferencia entre la grandeza de Dios y la pequeñez del ser humano, por Su gran amor hacia este último, cuando el ser humano se alejó de Dios estando todavía en el huerto del Edén (Génesis 3:1–6), al tiempo determinado, el Hijo de Dios mismo vino a buscarlo: *"Porque el Hijo del Hombre vino a buscar y a salvar lo que se había perdido"* (Lucas 19:10 RVR 1909).

Habiéndonos buscado el Señor a nosotros, también espera que nosotros le busquemos a Él (Salmo 27:8, Salmo 105:4). Siendo agradecidos con el Señor, lo que nos ha dado debería ser razón suficiente para que le busquemos. Pero puesto que es un hecho que el día de hoy seguimos necesitando cosas, y estando Dios consciente de ello, Él ofrece muchas cosas a los que le buscan.

El Señor Jesús, sabiendo que necesitamos muchas cosas de este mundo, no se opone a que trabajemos para obtenerlas, pero nos enseña que busquemos antes el reino de Dios: *"Mas buscad primeramente el reino de Dios y su justicia, y todas estas cosas os serán añadidas"* *(Mateo 6:33 RVR 1909)*. Es importante notar que el Señor no dijo que busquemos únicamente el reino de Dios y Su justicia, sino que lo busquemos primeramente; es decir, que también podemos y debemos buscar las cosas de este mundo, pero no como nuestro primer objetivo en la vida, sino dándoles un segundo lugar en nuestra escala de prioridades.

El Señor premia a los que lo buscan (Hebreos 11:6), siendo la vida uno de los premios más importantes que se pueden recibir: *"...buscad a Dios, y vivirá vuestro corazón"* *(Salmo 69:32 RVR 1909)*. Dios promete a los que lo buscan que no los desamparará (Salmo 9:10), y que no tendrán falta de ningún bien (Salmo 34:10). Serán bienaventurados los que lo buscan (Salmo 119:2), y recibirán de Dios la capacidad para entender todas las cosas (Proverbios 28:5). Los que buscan a Dios serán salvos: *"Mirad a mí, y sed salvos, todos los términos de la tierra: porque yo soy Dios, y no hay más"* *(Isaías 45:22 RVR 1909)*.

Es importante estar seguros de que cuando buscamos a Dios, nos escuchará y nos atenderá. El rey David da testimonio de ello, diciendo: *"Busqué a Jehová, y él me oyó, y me libró de todos mis temores. Los que miraron a él fueron alumbrados, y sus rostros no fueron avergonzados. Este pobre clamó, y le oyó Jehová, y lo libró de todas sus angustias"* *(Salmo 34:4-6 RVR 1960)*; (vea además: Salmo 69:33). Algunos tienen la duda y el temor de que quizás Dios no los escuche cuando lo buscan; se ven tentados a pensar que sí, verdaderamente Dios escuchó y atendió a David y a otros, ¿pero cómo estar seguros de que nos escuchará a nosotros? El Señor Jesús aseguró que Dios Padre nos escuchará y nos atenderá: *"Pedid, y se os dará; buscad, y hallaréis; llamad, y se os abrirá. Porque todo aquel que pide, recibe; y el que busca, halla; y al que llama, se le abrirá. ¿Qué hombre hay de vosotros, que si su hijo le pide pan, le dará una piedra? ¿O si le pide un pescado, le dará una serpiente? Pues si vosotros, siendo malos, sabéis dar buenas dádivas a vuestros hijos, ¿cuánto más vuestro Padre que está en los cielos dará buenas cosas a los que le pidan?" (Mateo 7:7–11 RVR 1960).*

Aunque todo esto es ciertísimo, por haber sido prometido por el Señor Jesús, es importante tener en cuenta que no todo tiempo es buen tiempo para buscar a Dios. Sabemos que si lo buscamos hoy, estamos en buen momento para hacerlo; pero mañana, no podemos asegurarlo. No sabemos si estaremos vivos en este mundo el día de mañana; tampoco sabemos cuándo vendrá el Señor Jesús por segunda vez, según prometió que volverá (Juan 14:3, Mateo 24:50). De manera que es sabio atender las palabras del profeta Isaías: *"Buscad a Jehová mientras puede ser hallado, llamadle en tanto que está cercano" (Isaías 55:6 RVR 1909).* (Vea además: 2 Corintios 6:2).

Pero la gente no busca a Dios; aun los cristianos muchas veces se vuelven perezosos en el aspecto espiritual y buscan poco al Señor. Desean estar bien con Él, pero al mismo tiempo, quizás inconscientemente, procuran no tener que invertir mucho tiempo para estar en comunión con Él. Están muy ocupados con sus actividades diarias, poniendo su atención primeramente en buscar las cosas de este mundo, y si sobra un poco de tiempo, entonces quizás pueden ir a la iglesia el domingo. Oran brevemente para dar gracias por los alimentos antes de comer, y eso es todo. Pero una comunión como esta no es muy satisfactoria para el Señor; Él desea tener una relación más estrecha e íntima con Sus hijos, y con frecuencia hace venir sobre ellos aprietos y tiempos difíciles, los cuales los obligan a hacer un espacio en medio de sus muchas actividades para buscarle. El salmista lo describe en forma excelente: *"Los que descienden al mar en naves y hacen negocio en las muchas aguas, ellos han visto las obras de Jehová y sus maravillas en las profundidades, porque habló, e hizo levantar un viento tempestuoso que encrespa sus olas. Suben a los cielos, descienden a los abismos; sus almas se derriten con el mal. Tiemblan y titubean como ebrios, y toda su ciencia es inútil. Entonces claman a Jehová en su angustia y los libra de sus aflicciones. Cambia la tempestad en sosiego y se apaciguan sus olas. Luego se alegran, porque se apaciguaron, y así los guía al puerto que deseaban. ¡Alaben la misericordia de Jehová y sus maravillas para con los hijos de los*

JOSUÉ TREVIÑO

hombres! ¡Exáltenlo en la asamblea del pueblo, y en la reunión de ancianos lo alaben!" (Salmo 107:23–32 RVR95).

Otro caso en el que Dios trae dificultades y aflicción a algunos que necesitan buscar Su rostro, es el siguiente: *"Algunos moraban en tinieblas y en sombra de muerte, aprisionados en aflicción y en hierros, por cuanto fueron rebeldes a las palabras de Jehová, y aborrecieron el consejo del Altísimo. Por eso quebrantó con el trabajo sus corazones; cayeron, y no hubo quien los ayudase. Luego que clamaron a Jehová en su angustia, los libró de sus aflicciones; los sacó de las tinieblas y de la sombra de muerte, y rompió sus prisiones. Alaben la misericordia de Jehová, y sus maravillas para con los hijos de los hombres" (Salmo 107:10–15 RVR 1960).*

Un caso más en el que podemos observar cómo Dios trae angustia y sufrimiento a algunos con el propósito de que busquen Su rostro: *"Fueron afligidos los insensatos, a causa del camino de su rebelión y a causa de sus maldades; su alma abominó todo alimento, y llegaron hasta las puertas de la muerte. Pero clamaron a Jehová en su angustia, y los libró de sus aflicciones. Envió su palabra, y los sanó, y los libró de su ruina. Alaben la misericordia de Jehová, y sus maravillas para con los hijos de los hombres; ofrezcan sacrificios de alabanza, y publiquen sus obras con júbilo" (Salmo 107:17–22 RVR 1960).*

Como podemos ver en los tres casos anteriores, los aprietos que creó el Señor movieron a las personas a buscarle. Por su parte, Asaf nos dice lo siguiente, refiriéndose al pueblo de Israel: *"Con todo esto, pecaron aún, y no dieron crédito a sus maravillas. Por tanto, consumió sus días en vanidad, y sus años en tribulación. Si los hacía morir, entonces buscaban a Dios; entonces se volvían solícitos en busca suya, y se acordaban que Dios era su refugio, y el Dios altísimo su redentor" (Salmo 78:32–35 RVR 1960).*

Busquemos a Dios con corazón sincero y con toda solicitud, dándole la gloria y la honra que le corresponden, y la alabanza. Démosle gracias por todas sus misericordias y bondades para con nosotros, y traigamos delante de Él nuestras peticiones y necesidades. Oremos por nuestros hermanos y por la extensión de Su reino. Seamos conocidos como discípulos de Jesús por nuestro amor al prójimo. Procuremos conocer cada vez más y mejor Su palabra, y esforcémonos por obedecerla. Y no demos lugar a que Dios tenga que traer sufrimiento a nuestras vidas para que busquemos Su rostro.

2.10   Para enseñarnos a ser pacientes

La paciencia es una cualidad de importancia vital en la vida del cristiano. La paciencia no aparece por sí sola o en forma automática en el siervo de Dios, sino que es algo que se aprende a través de las pruebas y de las tribulaciones. El Señor, formando y moldeando la vida espiritual de Sus hijos, con frecuencia los hace pasar por situaciones difíciles en las que experimentan sufrimiento, con el propósito de producir paciencia en sus vidas: *"...nos gloriamos en las tribulaciones, sabiendo que la tribulación produce paciencia"* (Romanos 5:3 RVR 1909).

La paciencia es la capacidad de esperar con el propósito de alcanzar un objetivo o una meta. Podríamos decir también que la paciencia es la facultad de soportar el paso del tiempo esperando que se den las condiciones necesarias para obtener o conseguir algo. La paciencia es muy importante para el cristiano porque le ayuda a sostenerse en pie en los momentos difíciles. Cuando muchos sucumben ante la presión y se dejan llevar por la corriente que conduce a la derrota, el cristiano se mantiene firme mediante la paciencia aun en los momentos más difíciles: *"Seréis entregados aun por vuestros padres, hermanos, parientes y amigos; y matarán a algunos de vosotros. Seréis odiados por todos por causa de mi nombre, pero ni un cabello de vuestra cabeza perecerá. Con vuestra paciencia ganaréis vuestras almas"* (Lucas 21:16–19 RVR95).

Podemos ver en la Biblia cómo Dios mismo hace uso de la paciencia, poniéndonos la muestra y dándonos ejemplo. El apóstol Pedro nos advierte que en tiempos futuros, cuando haya transcurrido mucho tiempo desde que el Señor Jesús nos dio la promesa de que vendrá por segunda vez a este mundo (Mateo 24:29–44), habrá quienes, al ver que ha pasado ya mucho tiempo y que no ha venido, cuestionarán la veracidad de dicha promesa: *"sabiendo primero esto, que en los postreros días vendrán burladores, andando según sus propias concupiscencias, y diciendo: ¿Dónde está la promesa de su advenimiento? Porque desde el día en que los padres durmieron, todas las cosas permanecen así como desde el principio de la creación"* (2 Pedro 3:3–4 RVR 1960). Anticipándose a esos cuestionamientos, el apóstol Pedro nos enseña en palabra del Señor que para Dios el concepto del tiempo no es igual que como lo es para nosotros. Además nos explica que la razón por la que el Señor deja pasar tiempo antes de cumplir Su promesa es porque tiene paciencia, para que más gente responda a Su llamado y pueda alcanzar salvación eterna: *"Mas, oh amados, no ignoréis esto: que para con el Señor un día es como mil años, y mil años como un día. El Señor no retarda su promesa, según algunos la tienen por tardanza, sino que es paciente para con nosotros, no queriendo que ninguno perezca, sino que todos procedan al arrepentimiento. Pero el día del Señor vendrá como ladrón en la noche; en el cual los cielos pasarán con grande estruendo, y los elementos ardiendo serán deshechos, y la tierra y las obras que en ella hay serán quemadas... Por lo cual, oh amados, estando en espera de estas cosas, procurad con diligencia ser hallados por él sin mancha e irreprensibles, en paz. Y tened entendido que la paciencia de nuestro Señor es para salvación..."* (2 Pedro 3:8–10 y 14–15 RVR 1960).

La paciencia forma parte del fruto del Espíritu (Gálatas 5:22) y para aquellos en quienes habita el Espíritu de Dios, es decir, para los cristianos (1 Corintios 6:19), la paciencia es indispensable para poder realizar algunas tareas delicadas dentro de la obra del Señor. Por ejemplo, la paciencia nos capacita para tratar y soportar a algunos hermanos de la iglesia con quienes es difícil interactuar: *"Yo pues, preso en el Señor, os ruego que andéis como es digno de la vocación con que fuisteis llamados, con toda humildad y mansedumbre, soportándoos con paciencia los unos a los otros en amor, solícitos en guardar la unidad del Espíritu en el vínculo de la paz..."* (Efesios 4:1–3 RVR 1960). (Vea además: Colosenses 3:12–13).

La paciencia es necesaria para poder realizar la obra pastoral. Pablo dijo a Timoteo: *"Te suplico encarecidamente delante de Dios y del*

Señor Jesucristo, que juzgará a los vivos y a los muertos en su manifestación y en su Reino, que prediques la palabra y que instes a tiempo y fuera de tiempo. Redarguye, reprende, exhorta con toda paciencia y doctrina" (2 Timoteo 4:1–2 RVR95).

También es necesario que los líderes de la iglesia hagan uso de la paciencia: *"Pero tú habla lo que está de acuerdo con la sana doctrina. Que los ancianos sean sobrios, serios, prudentes, sanos en la fe, en el amor, en la paciencia"* (Tito 2:1–2 RVR95).

Sin la paciencia, el cristiano no puede alcanzar las promesas de Dios: *"Pero deseamos que cada uno de vosotros muestre la misma solicitud hasta el fin, para plena certeza de la esperanza, a fin de que no os hagáis perezosos, sino imitadores de aquellos que por la fe y la paciencia heredan las promesas. Porque cuando Dios hizo la promesa a Abraham, no pudiendo jurar por otro mayor, juró por sí mismo, diciendo: De cierto te bendeciré con abundancia y te multiplicaré grandemente. Y habiendo esperado con paciencia, alcanzó la promesa"* (Hebreos 6:11–15 RVR 1960). Así, vemos que la paciencia fue una herramienta muy útil para el patriarca Abraham. Y no sólo para él, sino que también el día de hoy el cristiano se beneficia mediante el uso de la paciencia: *"No perdáis, pues, vuestra confianza, que tiene una gran recompensa, pues os es necesaria la paciencia, para que, habiendo hecho la voluntad de Dios, obtengáis la promesa"* (Hebreos 10:35–36 RVR95).

Como veíamos arriba, la paciencia, siendo parte del fruto del Espíritu, es producida en nuestras vidas a través de las pruebas y del sufrimiento: *"Hermanos míos, tened por sumo gozo cuando os halléis en diversas pruebas, sabiendo que la prueba de vuestra fe produce paciencia. Mas tenga la paciencia su obra completa, para que seáis perfectos y cabales, sin que os falte cosa alguna"* (Santiago 1:2–4 RVR 1960). Como cristianos, somos llamados a despojarnos de todo peso y del pecado que nos asedia, y a correr con paciencia la carrera que tenemos por delante, puestos los ojos en Jesús, el autor y consumador de la fe (Hebreos 12:1). Así, es necesario que tengamos paciencia hasta el final, hasta la venida del Señor, la cual ya está cerca: *"Por tanto, hermanos, tened paciencia hasta la venida del Señor. Mirad cómo el labrador espera el precioso fruto de la tierra, aguardando con paciencia hasta que reciba la lluvia temprana y la tardía. Tened también vosotros paciencia, y afirmad vuestros corazones; porque la venida del Señor se acerca"* (Santiago 5:7–8 RVR 1960).

2.11   Para enseñarnos a ser humildes

Tener abundancia en el aspecto económico y en cuanto a los bienes materiales es algo que casi todos deseamos. Recibirlos de parte de Dios es la tendencia natural, de acuerdo a lo que Él ha prometido a los que andan en Sus caminos (Salmo 1:1–3), lo cual es sin duda una gran bendición: *"Acontecerá que si oyes atentamente la voz de Jehová, tu Dios, para guardar y poner por obra todos sus mandamientos que yo te prescribo hoy, también Jehová, tu Dios, te exaltará sobre todas las naciones de la tierra. Y vendrán sobre ti y te alcanzarán todas estas bendiciones, si escuchas la voz de Jehová, tu Dios... Bendito el fruto de tu vientre, el fruto de tu tierra, el fruto de tus bestias, la cría de tus vacas y los rebaños de tus ovejas... Jehová enviará su bendición sobre tus graneros y sobre todo aquello en que pongas tu mano, y te bendecirá en la tierra que Jehová, tu Dios, te da... Jehová te hará sobreabundar en bienes, en el fruto de tu vientre, en el fruto de tu bestia y en el fruto de tu tierra, en el país que Jehová juró a tus padres que te había de dar"* (Deuteronomio 28:1,2,4,8,11 RVR95). Además de la bendición en el aspecto económico y financiero, también son bendiciones muy deseables de parte de Dios tener éxito profesional, gran inteligencia, buena fama, buena salud, una buena apariencia personal, etc. Sin embargo, debido a que el corazón del hombre está inclinado de continuo al mal (Génesis 6:5), esas grandes bendiciones de Dios pueden producir enaltecimiento y soberbia en el cristiano, cuando su corazón no ha adquirido la suficiente humildad (Ezequiel 28:17).

Las personas que realizan grandes obras reciben luego el reconocimiento y la admiración de la sociedad. Muchos políticos, artistas, científicos, deportistas, etc., están expuestos al aplauso de las multitudes, y frecuentemente el corazón de muchos de ellos llega a ensoberbecerse por dicha causa. La gente se interesa por saber acerca de sus vidas, de sus costumbres, de su trabajo, de la manera en que alcanzaron el éxito, etc., y es común que a estas grandes personalidades se les soliciten continuamente entrevistas para hacer reportajes para periódicos, revistas, y otros medios informativos; que se les hagan invitaciones a dar discursos y a hacer presentaciones ante grandes grupos de gente. También es común que se les hagan homenajes, y que todo el tiempo estén expuestos a recibir el elogio y la alabanza de las multitudes. Para muchos de ellos que han realizado obras que han traído beneficio y progreso a la sociedad esto es bien merecido. Sin embargo, todo esto también es una dura prueba para ellos, ya que no es fácil para el ser humano estar expuesto a semejantes consideraciones y distinciones, puesto que el aplauso y la alabanza tienden a corromperlo, y aquellos que no habían aprendido a ser humildes de corazón antes de la llegada del éxito tienden a ensoberbecerse con semejante honra. Sólo Dios es capaz de recibir la alabanza de manera adecuada y equilibrada, puesto que a Él le pertenece (Salmo 65:1), y sólo Él es verdaderamente digno de recibirla (Salmo 145:3, Apocalipsis 5:11–13).

Cuando la gente no ha aprendido a ser humilde, si la abundancia económica y de bienes materiales llega a presentarse en su vida, normalmente su reacción tiende a ser el no darle el crédito a Dios, sino que por lo general cae en la tentación de pensar que ha obtenido dichas riquezas por su propia capacidad o habilidad, y su corazón se inclina hacia la soberbia, alejándose de Dios: *"Cuídate de no olvidarte de Jehová tu Dios, para cumplir sus mandamientos, sus decretos y sus estatutos que yo te ordeno hoy; no suceda que comas y te sacies, y edifiques buenas casas en que habites, y tus vacas y tus ovejas se aumenten, y la plata y el oro se te multipliquen, y todo lo que tuvieres se aumente; y se enorgullezca tu corazón, y te olvides de Jehová tu Dios, que te sacó de tierra de Egipto, de casa de servidumbre"* (Deuteronomio 8:11–14 RVR 1960). En este texto podemos ver claramente que no es malo recibir bienes materiales de parte de Dios; el mal no está en recibirlos, sino en olvidarnos de

Jehová nuestro Dios una vez que los hemos recibido. Como vimos arriba en el texto de Deuteronomio 28:1–11, recibir riquezas de parte de Dios es una gran bendición, pero lamentablemente, cuando una persona no ha aprendido a ser humilde de corazón, la abundancia material lo ensoberbece: *"En sus pastos se saciaron y, una vez repletos, se ensoberbeció su corazón; por esta causa se olvidaron de mí"* (Oseas 13:6 RVR95). (Vea además: Ezequiel 28:5).

Cuando una persona que no ha aprendido a ser humilde recibe bendiciones grandes de parte de Dios, ya sea en el aspecto económico, profesional, en cuanto a buena fama u otros aspectos, su corazón tiende a ensoberbecerse. Puede llegar a pensar que, puesto que las cosas van bien por el momento, que eso es señal de que las cosas siempre irán bien en su vida; y puede sentirse fuerte, ya sea en el aspecto físico, emocional, económico, espiritual, etc. En situaciones como estas es posible que Dios envíe circunstancias difíciles y sufrimiento a nuestras vidas con el propósito de hacernos bajar de las nubes y ayudarnos a poner los pies sobre la tierra, concientizándonos de que la idea de que somos fuertes es falsa; que en realidad somos débiles, y de que la fuerza que hay en nosotros no es nuestra, sino que proviene de Él; y de que para ser verdaderamente fuertes necesitamos depender de Él. El Señor había bendecido al apóstol Pablo revelándole grandes secretos y misterios de Su palabra, lo cual le habían llevado a sentirse grande e importante, por lo cual Dios trajo a su vida circunstancias que lo hicieron sufrir: *"Y para que la grandeza de las revelaciones no me exaltase desmedidamente, me fue dado un aguijón en la carne, un mensajero de Satanás que me abofetee, para que no me enaltezca sobremanera; respecto a lo cual tres veces he rogado al Señor, que lo quite de mí. Y me ha dicho: Bástate mi gracia; porque mi poder se perfecciona en la debilidad. Por tanto, de buena gana me gloriaré más bien en mis debilidades, para que repose sobre mí el poder de Cristo. Por lo cual, por amor a Cristo me gozo en las debilidades, en afrentas, en necesidades, en persecuciones, en angustias; porque cuando soy débil, entonces soy fuerte"* (2 Corintios 12:7–10 RVR 1960).

Así, como lo describe Pablo en el texto anterior, Dios permite que

Sus hijos pasen por situaciones difíciles que les causan sufrimiento con el propósito de que aprendan a ser humildes de corazón, lo cual les permitirá en el futuro ser capaces de alcanzar logros mayores, escalar cumbres más altas, recibir bendiciones más grandes, e incluso recibir elogios, aplausos y honra, sin que su corazón se ensoberbezca: *"... te hizo caminar por un desierto grande y espantoso, lleno de serpientes ardientes, y de escorpiones, y de sed, donde no había agua... afligiéndote y probándote, para a la postre hacerte bien"* (Deuteronomio 8:15-16 RVR 1960).

2.12 Para enseñarnos a andar en santidad

El apóstol Pedro dijo en palabra del Señor: *"Puesto que Cristo ha padecido por nosotros en la carne, vosotros también armaos del mismo pensamiento, pues quien ha padecido en la carne, terminó con el pecado, para no vivir el tiempo que resta en la carne, conforme a las pasiones humanas, sino conforme a la voluntad de Dios"* (1 Pedro 4:1-2 RVR95). De este texto entendemos que así como Cristo padeció en la carne, igualmente también nosotros debemos prepararnos mentalmente para estar esperando enfrentar padecimientos en la carne. Y tal como lo dijo Pedro, esta porción de la palabra de Dios expresada por él mismo, vino a cumplirse en forma literal en su propia vida, puesto que de acuerdo a la historia de la iglesia, Pedro al igual que Cristo, también sufrió la muerte mediante la crucifixión, sólo que según sabemos, él pidió que lo crucificaran con la cabeza hacia abajo y los pies hacia arriba, porque no se consideraba digno de morir de la misma manera que su Señor.

En el texto de 1 Pedro 4:1-2 que acabamos de citar, Pedro explica la razón por la que es necesario que padezcamos en la carne, porque dice en el versículo 1 que quien ha padecido en la carne, terminó con el pecado. En otras palabras, quien es sometido por Dios a padecimientos de la carne deja de vivir un estilo de vida inclinado al pecado, para no continuar viviendo el resto de la vida que Dios nos dé en la carne, de la misma manera que vivíamos antes de venir a Cristo. Por lo tanto, de lo que Pedro nos explica en palabra de Dios entendemos que los hijos de Dios que padecen en la carne y aun así se mantienen fieles, tienen la tendencia a comprometerse con Dios para vivir una vida de mayor santidad.

Lo anterior tiene mucha lógica, puesto que quien no sufre ningún padecimiento en la carne, tiene la tendencia a vivir un estilo de vida licencioso, permitiéndose lujos, deleites de la carne, inclinándose a la desobediencia y no sintiendo mucha necesidad de buscar a Dios, puesto que no necesita nada: *"...por poco resbalaron mis pasos. Porque tuve envidia de los arrogantes, viendo la prosperidad de los impíos. Porque no tienen congojas por su muerte, pues su vigor está entero. No pasan trabajos como los otros mortales, ni son azotados como los demás hombres* (como los del pueblo de Dios). *Por tanto, la soberbia los corona; se cubren de vestido de violencia. Los ojos se les saltan de gordura; Logran con creces los antojos del corazón. Se mofan y hablan con maldad de hacer violencia; hablan con altanería. Ponen su boca contra el cielo, y su lengua pasea la tierra"* (Salmo 73:2–9 RVR 1960).

Pero quien padece en la carne busca traer sus peticiones delante de Dios en oración, y como Dios se tarda en contestar, persevera en sus ruegos y súplicas a Dios, ejercitándose en la paciencia, en la esperanza y en la fe. Y como Dios todavía se sigue tardando en contestar, empieza a revisar su vida y sus caminos, tratando de ver si encuentra algún pecado, algo que pueda corregir, y busca despojarse de todos los detalles carentes de santidad que haya en su vida, hasta el límite de sus posibilidades, buscando el favor de Dios y que sus oraciones sean contestadas. Y así, haciéndonos pasar por padecimientos y sufrimientos, Dios nos hace crecer espiritualmente para adquirir un estilo de vida de mayor santidad: *"Antes que fuera yo humillado, descarriado andaba; mas ahora guardo tu palabra"* (Salmo 119:67 RVR 1909). Y también encontramos: *"Bueno me es haber sido humillado, para que aprenda tus estatutos"* (Salmo 119:71 RVR 1909).

2.13   Para enseñarnos a tener contentamiento

El ser humano tiene una fuerte inclinación hacia ser mal agradecido. El niño no puede apreciar todo lo que hacen sus padres por él; da por hecho que es normal que estos le den todo lo que le dan. Después de todo, sus amiguitos también reciben estas cosas de sus padres y recibirlas no parece ser nada extraordinario, por lo cual no parece haber ninguna razón para agradecer nada. Antes bien algunos reclamos surgen acerca de cosas que a juicio del niño todavía faltan; cosas que otros niños sí están recibiendo de sus padres y que él no ha recibido, tales como algunos juguetes de su preferencia, paseos, postres, etc.

Y esto no sólo le sucede a un niño; igualmente el esposo no aprecia todo lo que su esposa hace por él, y en lugar de estar contento y agradecido por todas las cosas buenas que Dios le da a través de su esposa, más bien su atención está en todas las cosas que podrían ser pero que faltan. Y así sucesivamente, esto le sucede también a la esposa acerca de su esposo, al empleado acerca de la empresa donde trabaja, al cristiano acerca de la iglesia a la que asiste, e incluso al cristiano acerca de Dios.

Es totalmente cierto que como cristianos hemos venido a ser hijos del Gran Rey: *"El Espíritu mismo da testimonio a nuestro espíritu, de que somos hijos de Dios. Y si hijos, también herederos; herederos de Dios y coherederos con Cristo, si es que padecemos juntamente con él, para que juntamente con él seamos glorificados"* (Romanos 8:16–17 RVR95), (vea además: Tito 3:7). Y es totalmente cierto también que Dios tiene todo poder y capacidad para dar a Sus hijos todo lo que necesitan y todo lo que desean. Sin embargo, al mirar a nuestro alrededor, podemos observar que Dios frecuentemente no da a sus hijos todo lo que desean o lo que creen necesitar, lo cual por supuesto involucra sufrimiento para ellos. Esta es una razón más por la que los cristianos sufren. A través de situaciones por las que nos hace pasar el Señor, cuando vemos que no nos da las cosas que deseamos o que creemos necesitar, siendo que fácilmente nos las podría dar, el Señor nos enseña a tener contentamiento.

Quizás algunas de estas ideas no parezcan muy claras y podamos preguntarnos: ¿Por qué es importante aprender a tener contentamiento? La respuesta a esta pregunta tiene que ver, como veíamos hace un momento, con el hecho de que es importante aprender a reconocer las cosas buenas y las maravillas que Dios nos ha dado ya, y que podamos agradecerle y alegrarnos por ellas, antes que estar tristes o amargados, con una actitud de reclamo, deseando otras cosas que creemos que nos faltan, o que nos gustaría tener además de las que ya nos han sido dadas. También es preciso que aprendamos a reconocer que nosotros no sabemos mejor que Dios lo que necesitamos; y es necesario que practiquemos y que nos ejercitemos en confiar continuamente en que Dios tiene cuidado de nosotros y que siempre nos da lo que más nos conviene, tanto para nosotros como para Su reino. Dios nos da todo lo que verdaderamente nos hace falta, y ninguna cosa realmente importante o necesaria nos faltará: *"Sean vuestras costumbres sin avaricia, contentos con lo que tenéis ahora, pues él dijo: No te desampararé ni te dejaré"* (Hebreos 13:5 RVR95), (vea además: Salmo 23:1, Deuteronomio 31:6 y 8, Josué 1:5). Es verdad que nosotros, como humanos, deseamos muchas cosas y que algunas de ellas nos pueden parecer imprescindibles, pero si Dios no nos las da es porque sólo tienen apariencia de ser necesarias, pero en realidad no lo son. Es imposible alcanzar un crecimiento espiritual considerable si no hemos aprendido a confiar en que nuestro sustento y nuestras necesidades están bajo el control de Dios, y que Él nos dará lo que verdaderamente necesitamos, a Su tiempo y de acuerdo a Su voluntad.

Para ilustrar lo anterior, podemos examinar el caso del pueblo de Israel, cuando acababa de salir de Egipto y estaba en el desierto rumbo a la tierra que Dios les prometió que les daría, la tierra de Canaán. El pueblo de Israel caminaba por el desierto conforme a la voluntad y a la instrucción de Dios, y obviamente en ese tiempo los israelitas no trabajaban para obtener su sustento material. Es la voluntad de Dios que las personas trabajen para obtener su sustento (2 Tesalonicenses 3:10–12), pero en estas circunstancias extraordinarias el pueblo de Israel no podía trabajar por estar realizando un viaje que tomaría cuarenta años; y puesto que estaban actuando conforme al plan de Dios para ellos, por lo tanto el Señor los sustentaba milagrosamente dándoles pan del cielo (Éxodo 16:4,14,15; Juan 6:31). A lo largo de su recorrido por el desierto durante todos esos años, el Señor siempre les proveyó todo lo necesario: *"...él sabe que andas por este gran desierto; estos cuarenta años Jehová tu Dios ha estado contigo, y nada te ha faltado"* (Deuteronomio 2:7 RVR 1960). Su ropa y su calzado nunca se envejecieron: *"Y yo os he traído cuarenta años en el desierto; vuestros vestidos no se han envejecido sobre vosotros, ni vuestro calzado se ha envejecido sobre vuestro pie"* (Deuteronomio 29:5 RVR 1960).

Dios los cuidó en todos los aspectos durante su recorrido por el desierto y los protegió de sus enemigos; tuvieron todo lo necesario para realizar lo que Dios esperaba de ellos. Y aunque Dios les mostraba Sus maravillas proveyéndoles pan del cielo sin que ellos tuvieran que trabajar para obtenerlo, el pueblo de Israel no lo valoró ni lo agradeció lo suficiente, ni estuvo contento con eso, sino que se quejó y tuvo deseo de comer carne: *"Aconteció que el pueblo se quejó a oídos de Jehová; y lo oyó Jehová, y ardió su ira, y se encendió en ellos fuego de Jehová, y consumió uno de los extremos del campamento... Y la gente extranjera que se mezcló con ellos tuvo un vivo deseo, y los hijos de Israel también volvieron a llorar y dijeron: ¡Quién nos diera a comer carne! Nos acordamos del pescado que comíamos en Egipto de balde, de los pepinos, los melones, los puerros, las cebollas y los ajos; y ahora nuestra alma se seca; pues nada sino este maná ven nuestros ojos... (Y dijo Jehová a Moisés:) Pero al pueblo dirás: Santificaos para mañana, y comeréis carne; porque habéis llorado en oídos de Jehová, diciendo: ¡Quién nos diera a comer carne! ¡Ciertamente mejor nos iba en Egipto! Jehová, pues, os dará carne, y comeréis. No comeréis un día, ni dos días, ni cinco días, ni diez días, ni veinte días, sino hasta un mes entero, hasta que os salga por las narices, y la aborrezcáis, por cuanto menospreciasteis a Jehová que está en medio de vosotros, y llorasteis delante de él, diciendo: ¿Para qué salimos acá de Egipto?... Y vino un viento de Jehová, y trajo codornices del mar, y las dejó sobre el campamento, un día de camino a un lado, y un día de camino al otro, alrededor del campamento, y casi dos codos sobre la faz de la tierra. Entonces el pueblo estuvo levantado todo aquel día y toda la noche, y todo el día siguiente, y recogieron codornices; el que menos, recogió diez montones; y las tendieron para sí a lo largo alrededor del campamento. Aún estaba la carne entre los dientes de ellos, antes que fuese masticada, cuando la ira de Jehová se encendió en el pueblo, e hirió Jehová al pueblo con una plaga muy grande. Y llamó el nombre de aquel lugar Kibrot-hataava* (que significa: Tumbas de los codiciosos), *por cuanto allí sepultaron al pueblo codicioso" (Números 11:1,4–6,18–20,31–34 RVR 1960).*

En el texto anterior podemos ver que Dios conocía los pensamientos de la gente y que escuchaba sus palabras expresando sus quejas y su menosprecio hacia lo que les daba. Les mostró que tenía poder para darles lo que deseaban, pero también los castigó por no haber estado contentos con lo que recibían de Su buena mano. Como vimos en secciones de la primera parte de este libro, Dios tiene razones para hacer lo que hace, las cuales nosotros no siempre conocemos, ni son siempre evidentes delante de nuestros ojos; pero Dios espera que por fe creamos y confiemos en que Él siempre nos da lo mejor, aunque por el momento no lo entendamos. Quizás alguno de los que analizamos este ejemplo bíblico podría preguntarse ¿por qué el Señor no les habría dado carne del cielo en lugar de pan del cielo todos los días durante su recorrido por el desierto? En este caso podemos darnos cuenta de que comer carne por apenas un mes hace que quien la come se harte de ella y la aborrezca, no habiendo sucedido así con el maná, el cual los israelitas comieron todos los días durante los cuarenta años que duró su travesía por el desierto, y nunca llegaron a hartarse de él hasta el punto de aborrecerlo. Además, el pan contiene fibra dietética, indispensable para el buen funcionamiento intestinal, mientras que la carne no la contiene. Posiblemente el Señor habrá tenido más razones para haber decidido darles el maná antes que carne del cielo durante esos cuarenta años.

Es importante que como cristianos del día de hoy podamos aprender de esa experiencia vivida por el pueblo de Israel en el desierto, para evitar incurrir en situaciones semejantes que puedan causar igualmente el enojo del Señor. Dios, en Su soberanía, le ha dado a cada uno de sus hijos una posición escogida por Él; espera que cada quien esté contento con lo que le ha sido dado, y que funcione y que se desenvuelva adecuadamente, de acuerdo a Su voluntad, en dicha posición. Cada posición tiene características particulares: unos son hombres y otras son mujeres; unos son jóvenes hijos de familia, otros son jóvenes adultos, otros son adultos mayores, otros son ancianos. Unos tienen posiciones destacadas y de responsabilidad en la sociedad, ya sea en el gobierno, en los negocios, en la industria, en las fuerzas policiales, etc., mientras que otros tienen posiciones modestas en la sociedad. Unos tienen una situación económica desahogada mientras que otros tienen una situación económica de estrechez. Algunos tienen una salud inmejorable y otros tienen problemas en esa área. Unos tienen una buena educación académica y a otros no les ha sido posible adquirirla. La vida tiene cambios y lo que hoy es una realidad mañana puede ser diferente, así como al pueblo de Israel no le fue dado comer el maná por siempre, sino sólo por cuarenta años. Si bien debemos siempre buscar superarnos y progresar, también es importante tener contentamiento con lo que Dios nos da hoy, y darle gracias por ello.

Toda persona está sujeta a autoridad, y diferentes personas están sujetas a autoridades diferentes. Como hemos visto en secciones anteriores, a los hijos el Señor los ha puesto bajo la autoridad de sus padres: *"Hijos, obedeced en el Señor a vuestros padres; porque esto es justo" (Efesios 6:1 RVR 1909)*, y también están sujetos a las autoridades escolares. A las mujeres casadas las ha colocado bajo la autoridad de sus esposos: *"...como la iglesia está sujeta a Cristo, así también las casadas lo estén a sus maridos en todo" (Efesios 5:24 RVR 1909)*; y no sólo bajo la autoridad de sus maridos, ya que si trabajan fuera de la casa, también las ha colocado bajo la autoridad del jefe en su trabajo. Los hombres también están sujetos a diferentes autoridades; al jefe en el trabajo, al pastor en la iglesia: *"Obedeced a vuestros pastores, y sujetaos a ellos..."* *(Hebreos 13:17 RVR 1909)*; a las autoridades del gobierno nacional, estatal, y local: *"Sométase toda persona a las autoridades superiores; porque no hay autoridad sino de parte de Dios, y las que hay, por Dios han sido establecidas"* *(Romanos 13:1 RVR 1960)*; etc. En estos tiempos que nos toca vivir el día de hoy ya no hay esclavitud reconocida legalmente por las autoridades civiles en la mayoría de los países, pero en otro tiempo sí la hubo; aun en tales condiciones Dios esperaba que los esclavos actuaran correctamente dentro del rol que les había sido dado: *"Esclavos, obedeced a vuestros amos terrenales con temor y temblor, con sencillez de vuestro corazón, como a Cristo; no sirviendo al ojo, como los que quieren agradar a los hombres, sino como siervos de Cristo, de corazón haciendo la voluntad de Dios. Servid de buena voluntad, como al Señor y no a los hombres, sabiendo que el bien que cada uno haga, ese recibirá del Señor, sea siervo o sea libre"* *(Efesios 6:5-8 RVR95)*.

Dios espera que cada quien funcione adecuadamente y que esté contento en la posición que Él le ha dado. No hacerlo equivale a pensar que Dios no toma buenas decisiones y que no hace buenas elecciones en cuanto a lo que nos da. Y más aún, involucra la soberbia de pensar que podemos procurarnos a nosotros mismos mejores cosas que las que Dios puede procurar para nosotros. Dios espera que los hombres funcionen adecuadamente y que estén contentos en su posición de hombres, que las mujeres funcionen adecuadamente y que estén contentas en su posición de mujeres, los hijos igualmente en su posición de hijos, los empleados también en su posición bajo su autoridad correspondiente, etc. Pero cuando los hijos no están contentos con el lugar que Dios les ha dado y no se quieren someter a sus padres, sino que quieren gobernar la casa; cuando las mujeres no están contentas con el lugar que Dios les ha dado y quieren tener el lugar de los hombres; cuando los hombres no están contentos por haber nacido como hombres y desean operarse para convertirse en mujeres; cuando la persona, quien quiera que sea, no agradece a Dios ni está contenta con el lugar y con las cosas que Dios le ha dado, sino que desea y busca otras cosas más allá de lo que Dios ha determinado darle, sin duda hace encender el enojo de Dios, de la misma manera que lo hizo encender el pueblo de Israel en el desierto.

En el fondo de su corazón, muchos de los que aman a Dios y que tienen el propósito de agradarle, de todos modos desean algo diferente de lo que les ha sido dado. Pero quien verdaderamente busca hacer la voluntad de Dios, debe aceptar Sus designios y someter sus deseos personales bajo la voluntad de Él. Y a través del sufrimiento que produce poner la voluntad personal bajo la voluntad de Dios, y esforzándonos en aceptar y agradecer Sus designios para nuestras vidas, podemos aprender a tener contentamiento con lo que nos ha dado: *"Pero gran ganancia es la piedad acompañada de contentamiento; porque nada hemos traído a este mundo, y sin duda nada podremos sacar. Así que, teniendo sustento y abrigo, estemos contentos con esto"* (1 Timoteo 6:6–8 RVR 1960).

2.14 Para capacitarnos para consolar a otros

Cuando pasamos por momentos difíciles de tentación o de prueba, padeciendo aflicción y sufrimiento, quien mejor nos puede entender es alguien que ya ha vivido esa situación en carne propia. Estrechez económica, problemas de salud, ser despreciado por nuestros seres queridos, correr peligro por causa de enemigos que nos quieren hacer daño, y otras situaciones similares, son cuestiones que son mejor comprendidas por alguien que las ha experimentado en el pasado. Quien no ha vivido cosas como estas no puede saber exactamente lo que está sintiendo la persona que sufre.

Por esta causa fue necesario que el Señor Jesús fuera expuesto a padecer tentación. Puesto que la tentación es un peligro grave para la vida espiritual del cristiano, el Señor Jesús quiso saber exactamente qué es lo que se siente al estar expuesto a tal padecimiento, para así poder tener misericordia de nosotros de una manera mejor y más completa: *"Por lo cual debía ser en todo semejante a sus hermanos, para venir a ser misericordioso y fiel Sumo sacerdote en lo que a Dios se refiere, para expiar los pecados del pueblo. Pues en cuanto él mismo padeció siendo tentado, es poderoso para socorrer a los que son tentados" (Hebreos 2:17-18 RVR95).*

Para nosotros los cristianos, que somos siervos y al mismo tiempo hijos de Dios, siendo criaturas débiles, expuestos a tropiezos y caídas frecuentes, incapaces de vivir a la altura de nuestros propios deseos y expectativas, es muy valioso y alentador saber que podemos recurrir confiadamente a alguien que es infinitamente poderoso, que puede comprender nuestras luchas y sufrimientos, y que por lo mismo puede compadecerse de nosotros, para ofrecernos ayuda y librarnos del desastre en el momento adecuado: *"Por lo tanto, teniendo un gran sumo sacerdote que traspasó los cielos, Jesús el Hijo de Dios, retengamos nuestra profesión. Porque no tenemos un sumo sacerdote que no pueda compadecerse de nuestras debilidades, sino uno que fue tentado en todo según nuestra semejanza, pero sin pecado. Acerquémonos, pues, confiadamente al trono de la gracia, para alcanzar misericordia y hallar gracia para el oportuno socorro" (Hebreos 4:14-16 RVR 1960).*

Pero desde el principio de la creación, fue voluntad de Dios que el hombre (varón y mujer) fuese hecho a Su imagen y semejanza: *"Entonces dijo Dios: Hagamos al hombre a nuestra imagen, conforme a nuestra semejanza... Y creó Dios al hombre a su imagen, a imagen de Dios lo creó; varón y hembra los creó (Génesis 1:26-27 RVR 1960).* De manera que así como Cristo fue tentado en todo, aunque sin haber caído en el pecado, con el propósito de poder comprendernos y compadecerse de nosotros cuando somos tentados, así también a nosotros, a los que estamos en Cristo, siendo a Su imagen y semejanza, nos ha sido dado padecer tribulaciones y luego ser consolados por Dios. Una y otra vez nos es dado padecer todo tipo de tribulaciones, y una y otra vez nos es dado ser consolados por Dios. Esto con el propósito de que habiendo experimentado el sufrimiento y la consolación de Dios en nuestras propias vidas, podamos luego nosotros comprender mejor a la gente que sufre y que está a nuestro alrededor; para que estemos plenamente capacitados para consolar de una manera más eficiente y completa a los que experimentan dolor y aflicción: *"Bendito sea el Dios y Padre de nuestro Señor Jesucristo, Padre de misericordias y Dios de toda consolación, el cual nos consuela en todas nuestras tribulaciones, para que podamos también nosotros consolar a los que están en cualquier tribulación, por medio de la consolación con que nosotros somos consolados por Dios"* (2 Corintios 1:3–4 RVR 1960).

Quiera Dios Padre concedernos aprender con rapidez todo aquello que tiene disponible para nosotros, para que podamos estar capacitados de la mejor manera para consolar a otros, conforme a Su voluntad, con la misma consolación con la que Él nos consuela a nosotros cuando pasamos por situaciones de aflicción y sufrimiento. Dios nos conceda también crecer cada día, procurando servirle así mejor, pareciéndonos cada vez más y estando cada vez más cerca de la estatura del varón perfecto, que es Cristo Jesús (Efesios 4:13).

2.15 Para que las obras de Dios puedan ser vistas por los que nos observan

Como hemos visto, con mucha frecuencia los cristianos piensan que cuando alguien sufre, se debe invariablemente a pecados cometidos en el pasado. En una ocasión el Señor Jesús y Sus discípulos hablaron acerca de ello al ver a un hombre que nació ciego: *"Al pasar Jesús vio a un hombre ciego de nacimiento. Y le preguntaron sus discípulos, diciendo: Rabí, ¿quién pecó, este o sus padres, para que haya nacido ciego? Respondió Jesús: No es que pecó este, ni sus padres, sino para que las obras de Dios se manifiesten en él"* (Juan 9:1–3 RVR95).

En seguida, el Señor procedió a mostrar Su poder a los que observaban, para testimonio a ellos: *"Dicho esto, escupió en tierra, e hizo lodo con la saliva, y untó con el lodo los ojos del ciego, y le dijo: Ve a lavarte en el estanque de Siloé (que traducido es, Enviado). Fue entonces, y se lavó, y regresó viendo" (Juan 9:6–7 RVR 1960).* En este mismo capítulo 9, el apóstol Juan nos dice que esta acción sanadora del Señor sobre el hombre que había sido ciego causó una gran reacción entre el mayor grupo de los religiosos de aquel tiempo, llamados fariseos; y entre los que habían conocido al hombre ciego durante muchos años, para testimonio a todos ellos. Esta acción del Señor también fue de testimonio para el mismo hombre que estuvo ciego y que fue sanado. Y a los discípulos del Señor, el observar este milagro, además de las palabras que les habló en respuesta a su pregunta, sin duda les trajo una gran enseñanza.

A lo largo de la Biblia vemos repetidamente situaciones como la anterior, en las que el Señor rescata de aflicciones y sufrimientos, lo cual viene a servir como testimonio a los que observan. El rey David nos dice lo siguiente en palabra del Señor: *"Pacientemente esperé a Jehová, y se inclinó a mí y oyó mi clamor, y me hizo sacar del pozo de la desesperación, del lodo cenagoso; puso mis pies sobre peña y enderezó mis pasos. Puso luego en mi boca cántico nuevo, alabanza a nuestro Dios. Verán esto muchos y temerán, y confiarán en Jehová" (Salmo 40:1–3 RVR95).* También encontramos lo siguiente: *"Dios tenga misericordia de nosotros y nos bendiga; haga resplandecer su rostro sobre nosotros; para que sea conocido en la tierra tu camino, en todas las naciones tu salvación" (Salmo 67:1–2 RVR95).* Vemos una y otra vez que Dios trae padecimientos y aflicciones a nuestras vidas, y luego por Su misericordia nos libera de ellas, utilizando esto para que los que nos observan puedan ver Su poder, y para que se les facilite creer en Dios y venir a Él.

A veces las circunstancias por las que nos hace pasar el Señor se vuelven tan complicadas que los que nos observan llegan a pensar que es imposible que podamos salir de ellas. Tal fue el caso cuando Dios sacó al pueblo de Israel de Egipto. Ni los egipcios ni la gente de las naciones vecinas hubieran pensado que los israelitas algún día podrían salir de la esclavitud a la que estuvieron sujetos, siendo que Faraón, el rey de la nación más poderosa del mundo en aquel entonces, prohibió terminantemente su salida. Pero Dios proveyó las condiciones necesarias para que los hijos de Israel pudieran salir, mostrando así Su poder a todos los que los observaban. Jetro, el suegro de Moisés, era un sacerdote que servía a dioses paganos que se adoraban en la vecina nación de Madián (Éxodo 3:1). Y ante la gran salvación que Dios proveyó a los israelitas, sacándolos de Egipto con gran poder, quedó impresionado: *"Y Jetro dijo: Bendito sea Jehová, que os libró de mano de los egipcios, y de la mano de Faraón, y que libró al pueblo de la mano de los egipcios. Ahora conozco que Jehová es más grande que todos los dioses; porque en lo que se ensoberbecieron prevaleció contra ellos. Y tomó Jetro, suegro de Moisés, holocaustos y sacrificios para Dios..."* (Éxodo 18:10–12 RVR 1960).

La gran salvación que Dios proveyó a Israel sacándolo del sufrimiento en Egipto, y las victorias que le dio ante enemigos poderosos que se le presentaron en el camino desde Egipto hasta la tierra prometida por Dios (Números 21:21–24, Números 21:33–35), también fueron conocidas por los habitantes de otras ciudades, entre ellas la ciudad de Jericó, antes de ser conquistada por los israelitas, como podemos observar en las palabras de Rahab la ramera: *"Sé que Jehová os ha dado esta tierra; porque el temor de vosotros ha caído sobre nosotros, y todos los moradores del país ya han desmayado por causa de vosotros. Porque hemos oído que Jehová hizo secar las aguas del mar Rojo delante de vosotros cuando salisteis de Egipto, y lo que habéis hecho a los dos reyes de los amorreos que estaban al otro lado del Jordán, a Sehón y a Og, a los cuales habéis destruido. Oyendo esto, ha desmayado nuestro corazón; ni ha quedado más aliento en hombre alguno por causa de vosotros, porque Jehová vuestro Dios es Dios arriba en los cielos y abajo en la tierra"* (Josué 2:9–11 RVR 1960).

Es necesario que continuamente estemos revisando nuestros caminos para asegurarnos de no estar pecando contra Dios, evitando así exponernos a ser castigados por Él. Pero también es muy importante que estemos conscientes de que la aflicción y el sufrimiento que vienen a nuestras vidas no siempre son ocasionados porque hayamos pecado. En secciones anteriores hemos analizado otras razones, no relacionadas con el pecado, por las que el sufrimiento puede venir a nuestras vidas. Y también, como hemos visto en esta sección, es posible que algún sufrimiento que quizás estemos experimentando el día de hoy pudiera ser traído a nosotros por el Señor para que Sus obras, Sus maravillas, y la salvación que nos dará puedan ser vistas por los que nos observan.

2.16 Para hacer que nuestra fe crezca

La fe es de enorme importancia dentro del reino de Dios; es un requisito indispensable para poder vivir la vida cristiana. Sin fe es imposible agradar a Dios (Hebreos 11:6). El autor de la epístola a los Hebreos nos dio la definición de lo que es la fe: *"Es, pues, la fe la certeza de lo que se espera, la convicción de lo que no se ve"* (Hebreos 11:1 RVR 1960). En otras palabras, el texto anterior nos dice que tener fe equivale a tener certeza, es decir, estar seguros de que obtendremos lo que esperamos; tener fe es tener convicción, estar convencidos de lo que por ahora no vemos. Tener fe en Dios significa confiar o tener confianza en Él, creyendo lo que nos dice y lo que promete en Su palabra.

Dios sabe que no nos es fácil tener fe en cosas que no han visto nuestros ojos, por lo cual nos ayuda permitiéndonos tener algunas experiencias que contribuyen a que nuestra fe crezca. Con tal propósito, el Señor Jesús hizo cosas ante los ojos de Sus discípulos, como multiplicar los panes y los peces (Mateo 14:13–21), caminar sobre el mar (Mateo 14:22–33), maldecir una higuera que se secó inmediatamente (Mateo 21:18–22), entrar a una habitación que tenía la puerta cerrada (Juan 20:19–20), despedirse ascendiendo al cielo mostrando que tenía poder sobre la ley de la gravedad (Hechos 1:9), entre otras muchas cosas, con el objetivo de dar oportunidad para que Sus discípulos vieran las maravillas que Él es capaz de hacer, y propiciar que la fe de ellos creciera.

Con el mismo propósito, en otras ocasiones el Señor Jesús hizo cosas que involucraron el sufrimiento de algunos; cosas tales como permitir que Lázaro muriera, y luego que fuera resucitado (Juan 11:38–44); permitir que algunos padecieran problemas físicos, tales como la lepra (Mateo 8:1–3), o la ceguera (Mateo 20:29–34), y que luego fueran sanados. Experimentar y observar cosas como estas contribuyó a que tanto la fe de las personas que padecieron, como la de sus discípulos, se viera fortalecida.

Pero no sólo aquellos discípulos del Señor fueron enriquecidos con experiencias extraordinarias de este tipo. Dios ha provisto para discípulos de otros tiempos, y también para nosotros el día de hoy, experiencias que contribuyen a enriquecer nuestra fe. Las personas que no son cristianas normalmente tienen su confianza puesta en ellas mismas, y muchos cristianos también. Consideran que para conseguir o lograr algo en la vida, necesitan confiar en sí mismos; en sus propias capacidades, habilidades, sabiduría, prudencia, preparación profesional, etc. Con frecuencia el Señor nos hace pasar por circunstancias difíciles, que nos causan sufrimiento y que nos hacen sentirnos abrumados más allá de nuestras fuerzas, con el propósito de que también nuestra fe se vea enriquecida. Y aunque en su momento esto nos trae angustias, tristezas y sufrimiento, los que procuramos vivir la vida cristiana como Dios espera que la vivamos, nos vemos beneficiados de ello. El Señor provee experiencias para cada uno de Sus hijos que ayudan a fortalecer su fe y que conducen a enseñarles a no confiar en sí mismos, sino en Él: *"Porque hermanos, no queremos que ignoréis acerca de nuestra tribulación que nos sobrevino en Asia, pues fuimos abrumados sobremanera más allá de nuestras fuerzas, de tal modo que aun perdimos la esperanza de conservar la vida. Pero tuvimos en nosotros mismos sentencia de muerte, para que no confiásemos en nosotros mismos, sino en Dios que resucita a los muertos..." (2 Corintios 1:8–9 RVR 1960).* En el texto anterior, donde dice: *"para que no confiásemos en nosotros mismos, sino en Dios...",* podría entenderse como: *"para que no pongamos nuestra fe en nosotros mismos, sino en Dios...".* En el Antiguo Testamento se nos dice repetidamente que no debemos confiar ni en nosotros mismos, ni en circunstancias externas, ni en otros hombres, sino en Dios; como ejemplo podemos citar: Salmo 20:7–8, Salmo 44:5–6 y Jeremías 17:5–7.

Como acabamos de ver, la fe del cristiano es una fe que debe estar puesta en Dios y no en sí mismo. Esto lo debe llevar a buscar y a esperar, mediante su fe, que la voluntad de Dios sea hecha, y no la suya propia; es decir, que debe esperar que se alcance o se obtenga lo que Dios desea y no lo que él desea. Así, por la voluntad de Dios a veces tenemos satisfacciones y otras veces sufrimiento. En la Biblia podemos ver que por la fe algunos alcanzaron victorias, éxitos y alegrías: *¿Y qué más digo? Porque el tiempo me faltaría contando de Gedeón, de Barac, de Sansón, de Jefté, de David, así como de Samuel y de los profetas; que por fe conquistaron reinos, hicieron justicia, alcanzaron promesas, taparon bocas de leones, apagaron fuegos impetuosos, evitaron filo de espada, sacaron fuerzas de debilidad, se hicieron fuertes en batallas, pusieron en fuga ejércitos extranjeros. Las mujeres recibieron sus muertos mediante resurrección..." (Hebreos 11:32–35 RVR 1960).*

Pero al mismo tiempo observamos que otros, aunque también tuvieron fe, no alcanzaron las victorias, éxitos y alegrías como aquellos que acabamos de considerar, ni obtuvieron lo que esperaban, sino que en lugar de ello padecieron sufrimiento: *"...mas otros fueron atormentados, no aceptando el rescate, a fin de obtener mejor resurrección. Otros experimentaron vituperios y azotes, y a más de esto prisiones y cárceles. Fueron apedreados, aserrados, puestos a prueba, muertos a filo de espada; anduvieron de acá para allá cubiertos de pieles de ovejas y de cabras, pobres, angustiados, maltratados; de los cuales el mundo no era digno; errando por los desiertos, por los montes, por las cuevas y por las cavernas de la tierra. Y todos estos, aunque alcanzaron buen testimonio mediante la fe, no recibieron lo prometido..." (Hebreos 11:35–39 RVR 1960).* El autor de la Epístola a los Hebreos escribió esto a hermanos en Cristo que estaban sufriendo por causa de la persecución que se vivía en aquellos días, y mediante estas palabras les dio consuelo y ánimo ayudándoles a identificarse con aquellos que sufrieron antes que ellos por causa de su fe en Dios, y concientizándolos acerca de que este sufrimiento temporal contribuiría a que sus vidas cristianas fuesen perfeccionadas: *"Y todos éstos, aunque alcanzaron buen testimonio mediante la fe, no recibieron lo prometido; proveyendo Dios alguna cosa mejor para nosotros, para que no fuesen ellos perfeccionados aparte de nosotros"* (Hebreos 11:39–40 RVR 1960).

Para Dios es muy importante que creamos lo que nos dice en Su palabra. Si a nosotros puede disgustarnos cuando otros no nos creen lo que les decimos, a pesar de que como humanos somos pequeños e imperfectos, pues esa incredulidad disgusta mucho más a Dios, que es infinito y perfecto. Por ello, es frecuente que Dios nos haga pasar por situaciones que nos causan angustia y sufrimiento, para probarnos y observar si realmente creemos lo que nos promete en Su palabra, si confiamos en Él, o si nuestra vida cristiana consiste sólo en palabras. Así, se puede observar que los que verdaderamente tienen fe en Dios, continúan marchando hacia adelante aun en medio de circunstancias muy adversas, e incluso tienen paz en medio de la adversidad. De esta manera el apóstol Pedro, después de haber padecido de muchas maneras, y habiendo contribuido esto a que alcanzara un gran crecimiento en su fe, en cierto momento tuvo la paz suficiente como para poder dormir mientras estaba encadenado entre dos soldados romanos, aun cuando Jacobo acababa de ser ejecutado por el rey Herodes por causa de su fe en Cristo: *"En aquel mismo tiempo el rey Herodes echó mano a algunos de la iglesia para maltratarles. Y mató a espada a Jacobo, hermano de Juan. Y viendo que esto había agradado a los judíos, procedió a prender también a Pedro. Eran entonces los días de los panes sin levadura. Y habiéndole tomado preso, le puso en la cárcel, entregándole a cuatro grupos de cuatro soldados cada uno, para que le custodiasen; y se proponía sacarle al pueblo después de la pascua. Así que Pedro estaba custodiado en la cárcel; pero la iglesia hacía sin cesar oración a Dios por él. Y cuando Herodes le iba a sacar, aquella misma noche estaba Pedro durmiendo entre dos soldados, sujeto con dos cadenas, y los guardas delante de la puerta custodiaban la cárcel. Y he aquí que se presentó un ángel del Señor, y una luz resplandeció en la cárcel; y tocando a Pedro en el costado, le despertó, diciendo: Levántate pronto. Y las cadenas se le cayeron de las manos"* (Hechos 12:1–7 RVR 1960).

Debido al crecimiento espiritual que había alcanzado, Pedro había llegado a confiar en Dios a tal grado que podía tener la paz suficiente como para conciliar el sueño en medio de circunstancias tan adversas.

Se puede decir que la paz que experimenta el cristiano es directamente proporcional a la confianza que tiene en Dios. Es decir, que entre más fe tenga en Dios, más paz experimentará el cristiano; si la fe en Dios aumenta, la paz del cristiano también aumentará proporcionalmente; y si la fe en Dios disminuye, la paz también disminuirá en forma proporcional. Con el propósito de tener mayor claridad, diremos que a este tipo de proporcionalidad se le llama directa. Estaríamos hablando de proporcionalidad inversa si al aumentar una cosa disminuye la otra, o si al disminuir una cosa aumenta la otra, pero ese no es el caso que nos ocupa en esta ocasión. En el caso que estamos considerando, aunque existe una relación de proporcionalidad directa entre la fe y la paz, dicha relación de proporcionalidad no es perfecta, ya que si se pudiera llegar a tener fe perfecta, aun así no se alcanzará a tener paz perfecta. La prueba de ello la podemos ver en el Señor Jesús, quien a pesar de tener fe perfecta en Su Padre Celestial, aun así experimentó la angustia, el abatimiento, y el sufrimiento cuando estuvo en el mundo (Isaías 53:3-7, Lucas 22:43-44).

Cuando el cristiano va creciendo espiritualmente, va siendo necesario que vaya teniendo más y más fe en Dios. Como veíamos en el párrafo anterior, el Señor Jesús cuando estuvo en el mundo tuvo la estatura espiritual más alta que se puede tener; tuvo una fe perfecta en Su Padre Celestial. Y estando en ese nivel en cuanto a la fe, podemos ver en la Biblia cómo le fue requerido por Dios Padre que le confiara lo más valioso que tenía: Su vida. Cabe notar que Su vida no es como la nuestra, es decir, no es vida de criatura sino vida de Creador. El Señor Jesús aceptó la petición de Su Padre Celestial, y puso Su vida en manos de Su Padre (Lucas 23:46), confiando en que Su Padre cumpliría la promesa que le hizo y le resucitaría al tercer día. Si el Señor Jesús hubiera desconfiado de Su Padre Celestial, no hubiera puesto Su vida: *"Por eso me ama el Padre, porque yo pongo mi vida, para volverla a tomar. Nadie me la quita, sino que yo de mi mismo la pongo..." (Juan 10:17–18 RVR 1960).* El Señor Jesús le creyó a Su Padre cuando le dijo que lo resucitaría, tuvo fe en Él, y le confió lo más valioso que tenía: Su existencia misma. Por supuesto que Dios Padre no decepcionó a Su Hijo, sino que cumplió Su promesa y le dio vida otra vez, resucitándolo de los muertos, y utilizando la grandiosa obra realizada por Su Hijo nos redimió de nuestros pecados, a los que nos habíamos perdido. Y agradó tanto a Dios Padre la fe que le tuvo Dios Hijo, es decir, que haya confiado en Él a tal grado, que lo exaltó hasta lo sumo: *"Él, siendo en forma de Dios, no estimó el ser igual a Dios como cosa a que aferrarse, sino que se despojó a sí mismo, tomó la forma de siervo y se hizo semejante a los hombres. Más aún, hallándose en la condición de hombre, se humilló a sí mismo, haciéndose obediente hasta la muerte, y muerte de cruz. Por eso Dios también lo exaltó sobre todas las cosas y le dio un nombre que es sobre todo nombre, para que en el nombre de Jesús se doble toda rodilla de los que están en los cielos, en la tierra y debajo de la tierra; y toda lengua confiese que Jesucristo es el Señor, para gloria de Dios Padre" (Filipenses 2:6–11 RVR95).*

Es necesario que nosotros, como cristianos, aprendamos y tomemos ejemplo del Señor Jesucristo: *"Haya, pues, en vosotros este sentir que hubo también en Cristo Jesús..." (Filipenses 2:5 RVR 1909).* Es necesario que tengamos cada vez más y más fe en Dios Padre, y también en Su Hijo Jesucristo (Juan 14:1), aunque la tempestad ruja a nuestro alrededor: *"...Bienaventurados todos los que en él confían" (Salmo 2:12 RVR 1960).*

PALABRAS FINALES

Muchas personas afirman que los cristianos, como hijos del Gran Rey, deben vivir como príncipes el día de hoy, con abundancia de riquezas y de bienes materiales, libres de angustias, de sufrimiento, de dolor; y alcanzando siempre todas las metas que se proponen; puesto que nuestro Padre Celestial es rico, tiene todo poder, y nos ama. Y aseguran que si el cristiano no goza de riquezas, de alegrías y está libre de angustias el día de hoy, es porque anda en pecado. Incluso, van más allá diciendo que las bendiciones llegan a la vida del cristiano, no porque Dios las haya enviado por Su misericordia y por Su gracia, sino porque ellos dedicaron tiempo a estarlas visualizando con los ojos de su mente, con pensamiento positivo, atrayéndolas así hacia sus vidas. A estas ideas equivocadas de lo que supuestamente sería la vida cristiana se le ha llamado la Teología de la Prosperidad.

A lo largo de las páginas anteriores hemos podido comprobar que dicha teología es errónea. En la primera parte de este libro hemos examinado las vidas de un buen número de personajes bíblicos y hemos observado que muchos de ellos experimentaron la aflicción y el sufrimiento por diversas causas no relacionadas con el pecado, enfocando nuestra atención al hecho de que muchas veces el cristiano no sabe cuáles son las razones o los propósitos por los que Dios trae el sufrimiento a su vida. Y en la segunda parte de este libro hemos analizado un buen número de razones por las que el sufrimiento viene a la vida de los cristianos. De manera que aunque es un hecho que el sufrimiento viene a la vida del cristiano por causa de su pecado:

"Con castigos por el pecado corriges al hombre..." (Salmo 39:11 RVR 1960), también es cierto que en un gran número de ocasiones el cristiano sufre por otras causas: "Todo esto nos ha venido, y no nos hemos olvidado de ti, y no hemos faltado a tu pacto. No se ha vuelto atrás nuestro corazón, ni se han apartado de tus caminos nuestros pasos, para que nos quebrantases en el lugar de chacales, y nos cubrieses con sombra de muerte" (Salmo 44:17-19 RVR 1960).

Nadie puede ser justo por su propia justicia (Romanos 3:10, Salmo 14:3). Pero los que hemos decidido recibir a Cristo como nuestro Señor y Salvador hemos sido justificados, es decir, hemos sido hechos justos por recibir la justicia que Jesucristo nos compró al ser crucificado, pagando Él el precio que nosotros hubiéramos tenido que pagar por nuestros pecados (1 Pedro 2:24, 1 Pedro 3:18). Y siendo ahora justos, el Señor pasa a probarnos (Salmo 11:5). El Señor desea observar si verdaderamente somos fieles a Él o si somos sólo palabras (Deuteronomio 8:2); desea conocer cómo nos comportamos cuando estamos en angustia (Salmo 31:7). Por lo tanto, no puede haber cristianos exentos de sufrimiento, aunque vivan vidas de gran obediencia a Dios y santidad. La Biblia nos enseña que: "el Señor al que ama, disciplina, y azota a todo el que recibe por hijo" (Hebreos 12:6 RVR 1960). También nos dice que: "Es verdad que ninguna disciplina al presente parece ser causa de gozo, sino de tristeza; pero después da fruto apacible de justicia a los que en ella han sido ejercitados" (Hebreos 12:11 RVR 1960). De manera que todo aquel que diga o predique que los cristianos que estén en buena comunión con el Señor siempre deben ser hallados viviendo como príncipes o princesas, con riquezas, abundancia material y alegría, y libres de todo sufrimiento, están predicando un evangelio diferente. Y como dijo el apóstol Pablo en palabra del Señor: "Mas si aun nosotros, o un ángel del cielo, os anunciare otro evangelio diferente del que os hemos anunciado, sea anatema" (Gálatas 1:8 RVR 1960). En casos particulares, y en ciertos momentos de la vida, es posible gozar de abundancia material, de descanso y de alegría. Pero sin duda todo cristiano experimentará el sufrimiento, de una u otra manera, al menos en alguna ocasión en su vida, por no decir que con frecuencia.

Seamos vigilantes y velemos, para poder ser hallados por el Señor viviendo la vida cristiana tal como Él nos enseña en Su palabra, y no de acuerdo a un evangelio diferente.